U0010689

心靈直覺的祕境

用直覺找回自己的力量

威爾‧塔托 博士（Dr. Will Tuttle Ph.D.）◎著

郭珍琪 ◎譯

晨星出版

心靈直覺的祕境

用直覺找回自己的力量

光之島曲目

作曲／演奏者：威爾·塔托（Will Tuttle）

Islands of Light ©2005 Will Tuttle / Karuna Music & Arts

曲目

（關於演奏曲，有興趣的讀者請自行上網購買）

音樂連結

目錄

用直覺找回自己的力量

　　塔托博士，是全球暢銷書、素食界經典《和平飲食》一書的作者，筆者有幸於 2016 年「世界和平飲食亞洲巡迴演講」活動中，在香港和台灣跟塔托博士見面，聽了他的生命故事，他年輕時勇敢地放下大學教席，毅然到處宣揚和平的信息，我當時問他：「你這樣放下安穩的工作，然後到處漂泊收入不定，你不害怕嗎？」他卻輕描淡寫的回答說：「可能是從小父母的教育，告訴我人應該要做自己最想做的事情，不需要為金錢而憂慮。」我深受他的分享所感動！於是，我也決定跟隨他的步伐，辭掉大學工作，去實踐自己的夢想。感恩生命中遇到他，也成為我生命的轉捩點！

　　塔托博士的人生故事，正好也是「直覺」的極佳寫照。甚麼是直覺？就是我們內心的聲音，這股聲音，或者是透過畫面、感覺來呈現，可是這聲音往往很微弱，需要我們去除憂慮、靜心下來，才能感受得到。我們最需要的直覺是甚麼？例如：我們人生的意義是甚麼？我們為甚麼而活？我們做甚麼會最快樂？做了甚麼事情會讓我死而無憾？我的靈魂使命

是甚麼？……這些問題，也必須用直覺回答。

除了直覺還不夠，更重要是「知而後行」。如果只是知道卻沒有行動，這跟不知道其實沒分別。這就是為甚麼「知行合一」這麼重要，缺乏行動下，就代表我們的直覺還未完全，當我們很深知道自己的內心感受，就自然會有足夠的行動力。

我自己對直覺也有很深感受，過往我的學術研究，很多都是在夢中「知道」了答案！甚至後來研究問題，往往是先知道結論，再來補充思考過程，跟我們平常的邏輯是倒過來的。有一句話說：「**方向比努力更重要**」，如果我們不知道目的地在哪裡，只是努力拼命向前奔，很大機會只會徒勞無功。直覺就是目的地，使我們從一開始就「贏在起跑線」。

如果我能早一點看到《心靈直覺的祕境》這本書，更早開發直覺力，無論對於事業和人生，一定會無往而不利；**直覺力是成功人生的關鍵**，怎樣知道自己這一生的使命？塔托博士的分享一定可以觸動你的心靈。

李宇銘 博士
中醫經典研究專家，香港註冊中醫師
北京中醫藥大學博士，中國中醫科學院博士後
綠色生活教育基金主席、香港素食會主席、身心靈平台副主席
香港特首選委會委員（中醫藥界）

Your Inner Islands 內在喜悅

有誰能夠在擁有高學歷高成就高收入的舒適生活中，願意放下所有一切，毅然決然地用餘生走遍全世界，去分享他對生命的觀察與理解，只為了讓更多人感受到愛、也願意傳遞愛？

有誰能夠用明晰的數據，清楚的邏輯，跟你說明一些對人生很簡單卻重要的事情，而讓你心生感動也徹底明白，並開始能夠用很簡單方法改變自己的人生，讓未來的人生，可以在很簡單的改變中，過得更有價值、更有意義？

威爾·塔托博士 (Dr. Will Tuttle) 與他的妻子 Madeleine Tuttle，出自於純粹的仁慈與無私的愛，在全球超過 2600 場次中與近 20 萬人的聽眾交流，分享音樂、分享繪畫、分享飲食、分享愛！也進一步在社會中開創出一股清流與溫馨的力量！

在《心靈直覺的祕境》這本書中，沒有艱澀的文字、也沒有複雜的語言。看似平凡，實則深刻的分享，讓讀者在不知不覺中，可以品嘗到依循「內在的直覺」的感覺是什麼，

感受到依循「內在的直覺」的寧靜是什麼！透過音樂、繪畫，塔托博士夫妻用最自然平和的方式，讓我們也可以跟支持整個大宇宙的法界能量（Cosmic Energy）連結上，消融所有意識中的雜質，體驗回歸單純的喜悅與寧靜。

隨著書中一段又一段的故事，我們的心將跟著書中的文字與意境，品嘗內在「本自俱足本自圓滿」的品質，不需要透過任何的努力與勞力，因為只要順於自然，學會傾聽「內在的直覺」的聲音，認識生命的圓滿與慈悲！

感謝塔托博士夫妻，如此美好的分享

也邀請更多朋友，給自己一次機會，透過這本書，認識您自己內在島嶼的美好風光！

楊紹民 醫師
現任：光流聯合診所院長、中華民國能量醫學學會副理事長
證照：中華民國精神科專科醫師
學歷：高雄醫學院醫學系畢，國際自然療法學院 International Naturopathic College 醫師國際認證課程，中國醫藥大學營養系碩士班（2013.09～）
經歷：高雄長庚醫院壓力免疫病房主治醫師、長庚照會與整合醫學主治醫師、高雄長庚醫院身心科主治醫師、衛生署澎湖醫院兒童青少年心理諮商醫師

Dr. Shao-Min Yang

Current position: President in YANA Healing Center，Vice president
In Energy Medicine Association，ROC
Certification: Specialist of psychiatry，ROC

外在世界和諧共存的偉大心靈

聯合國制訂全球永續發展目標 (SDGs)，把所有關於社會、經濟與環境的核心價值都做了清楚的羅列與說明，還不忘在最後加上社會伙伴關係。然而，其中最大的遺憾就是忽略了：人類自身與外在世界和諧共存的偉大心靈，才是解開這一切糾結事物，讓世界不再紛擾不安的關鍵密碼。

塔托博士的書不但提出一個解答，更重要的，那是一股可以實踐的力量，他讓我們足以親自改變的機會，也喚醒心中不安躊躇的靈魂，依著一條明確的道路，找到在你我心中的那個島嶼，因為它從未消失過。那是一個你可以自己定義的伊甸園，如果你足夠勇敢的話。

或許你的這個島嶼已經荒廢，或許歷經戰火，也或許被現代工業所荼毒。然而，大自然的生態力量，足以展現他的自我修復能力，依著他，信任他，跟著他的律動生活，就從自然飲食開始，讓我們的心靈依著逐漸修復的生態，找回原本那個可以安身立命的家。這是我的夢想，你呢？

汪浩 教授

2017.09.15 於逢甲大學

現任：逢甲大學社會事業經營管理研究中心主任
　　　　天下雜誌企業社會責任專欄作家

Professor Hao Wang

Sep. 15th， 2017 at Feng Chia University

Current position: Director of The Research Institute of Social Enterprise (RISE)，
Feng Chia University

一本小書帶來大智慧

　　從事身心整合與情緒再造的相關工作一轉眼已十多年，過程中，最困難的往往不在外在事務，而是面對自身內在世界各式各樣的情景。有時波瀾壯闊宛如暴風雨來襲，有時風平浪靜，平穩得就像是天堂聖境。赫然想起這一切情景的造就，是外在因素使然，亦或是內在深沉處，連自我都難以察覺的隱蔽之地，所產生的漣漪反應？

　　深度認識自我的過程，就像是搭著船在充滿未知的海上航行，所有的路徑，不論是捷徑或是遠行，都是開啟內在生命智慧的珍貴鑰匙。然而在面臨之初，我們看的往往是沿路可能遭遇的挑戰與不確定，卻忘了在第一時間欣賞海的遼闊、未知的新奇，或感受創造物化的不凡能量。也因此，往往抱持著恐懼上路，於是經歷一連串「令人難忘」的恐怖經歷，卻什麼都忘記品嘗、忘記深化入心、忘記這趟旅程真正的意義為何。

　　其實，認識自己、重啟內在力量，與浩瀚的法源合一，並沒有我們意識感知的那麼困難。只要我們肯「放手」，隨

著生命之流，融入浩瀚的圓滿大海，透過直觀的智慧、豐沛的創能，一切，都是那麼的明晰與確定。

　　塔托博士與玫德琳透過《心靈直覺的祕境》以生動的口述方式啟發讀者的直覺，以圖畫創作激盪讀者的視覺，讓遠古智慧透過最能貼近生活的方式，使每一個接觸的人都能深刻體會並從中獲得。也透過如此的創作讓充滿和平、智慧與創意的能量，穩穩紮實的在人間發芽、茁壯、傳遞、散播。

　　這是一本讓人可以隨身攜帶的口袋書，一本小書，卻帶著大智慧，是一份帶給生命喜悅、平和與體悟的啟發之禮！

宋美玲 總經理
光遠心國際股份有限公司

Kushali
Infinitas International Co. Ltd.， one of the B Corp Certificated

五秒鐘的信念到彼岸
"5-second belief to the Other Shore"

　　塔托博士第一次來到台灣的時候，因為老婆 Ruby 當他的即席口譯，我當老婆的司機，因此認識了塔托和週一無肉日的蘇小歡及張銓等人，當時我吃「Ruby 素」，其實就是吃葷，但因為大部分的時間和 Ruby 用餐我都是隨著她吃純素，但在外宴客或單獨吃飯時，大部分是葷食，所以我就創造了「Ruby 素」這個名詞。

　　聽到塔托在慈濟醫院的演講時說到「這是我 39 年來第一次到醫院，不是來看病，而是來演講」，吃驚的我開始思考和平飲食真正的意義。

　　訪台五天的密集行程中塔托只有一個早上有空檔，所以我們帶他逛北投圖書館，當他看見 Ruby 在圖書館前空地做頭倒立時，幾乎每天練習瑜珈的塔托除了跟著做頭倒立之外，更是展示了手倒立，並且用手倒立向前後左右行走，現場還吸引了一些民眾拿出手機不停的拍照。

　　之後我們到隔壁的北投公共溫泉泡湯，元月底的冷空氣

催逼著群眾擠在熱騰騰的熱湯池，包括正在練習每天都用冷水洗澡的我；塔托卻在入池時，第一時間跳到冷湯池，經過幾分鍾熱湯的暖身，我也跳入冷湯池，那冷到筋骨的寒氣讓我佩服這位純素長者的健康，我問塔托 39 年不生病的秘訣是什麼？是純素飲食加上每天做瑜珈嗎？「問的好，我正在寫相關的一本書」，塔托説道：「除了素食和瑜珈之外，最重要的是慈悲心」。我們在沒有其他人在的冷湯池聊了 20 分鐘，塔托神情愉悅的抬頭望見的藍天白雲和枝頭綻放的梅花，高品質又極低價的公共溫泉，及他驚艷到的台灣純素飲食，幾乎可説是全球素食的天堂。

　　塔托説的「慈悲心」一直迴蕩在我心，第二天晚上，五天訪台行程圓滿結束，離台前我送他回旅館，在大廳中我告訴他我決定成為一個純素者，從今天開始直到永遠，塔托興奮的將我抱起來。

　　朋友們問我為什麼吃素？我説你要聽 50 分鐘的理由或是 5 秒的答案？百分之百的人説 5 秒。**「健康，環保，慈悲心」是我從塔托博士的言行中學到的 5 秒鐘信念**。去年塔托第二次來台，問我吃素這幾年的感想，我説只有一個後悔，後悔純素生活開始的太晚。

慈悲心説起來容易做起來難，傳統的教育從未教導我們如何有系統有步驟的培育我們的慈悲心，塔托透過寓言的方式一步一步的引領我們從必要的工具開始，開發我們的直覺智慧和創造力，經由暸解，能量，冥想，觀想，關係一直到慈悲心，目標是佛家稱之的「到彼岸」（梵文：波羅密多）。透過這些必要的練習，外在的顯現是良善及行為舉止上對他人的尊敬，更重要的是內在的表徵 —— 澆灌覺察的心，接受萬物以致於善於連結，所以我們能有重新框架舊問題的能力，使其經由愛和直覺的暸解成為療癒網絡的機會。

　　善於連結是創造力的必要條件，但當我們三餐吃雞肉時，我們內在的思緒必須斷絕直覺的連結，否則當我們想到小雞的可愛模樣，或是殺雞時的鮮血直流，就不可能再吃下去，我們所處的文化逼迫著我們的連結能力最少照三餐每日斷三次，以致於我們缺乏創造力，我們的直覺力無法自由馳乘，以致於困難達成「到彼岸」。

　　塔托説「服務萬物眾生，並且進入和安住在當下就會發現到彼岸。」「到彼岸在基督教的說法是：你們要先求祂的國和祂的義，這些東西都要加給你們了」。格西麥可羅區（Geshe Michael Roach）説「生命中的一切，皆來自於給

予（Everything in your life comes from giving）」，因為給出去，播撒了慈悲心，像種子一樣的發芽長大，那無所拘束的直覺力讓我們能精於覺察，善於連結，而這些都是創造力的根本，加上和諧與智慧的共振形成正回授，一個無止盡的能量來源。讀完塔托的書，對於宗喀巴大師所説的「愛自即成眾苦因，愛他則是萬善根」認識更深了一層，原來古聖先賢早就指引了我們正確的道路，我們一生汲汲追求的答案，就在內心深處，事實上，我們若想要「到彼岸」的話，根本到不了，因為彼岸已經就在這裡。

余金龍
義達創新股份有限公司董事長
台灣新竹綠色產業聯盟常務理事

Gordon Yu
Chairman， eTouch Innovation Co. Ltd.；
Managing Director， Taiwan Hsinchu Green Industry Assiciation

直覺力：與生俱來的禮物

　　當講台燈光暗下，演奏鋼琴傳來的琴聲響起，耳裡聽到的，是用靈魂譜出的樂章，是用愛表達的語言，是理性所無法形容的感動。一個星期來，每到這一刻，我就眼淚不由自主往下掉。一個人，怎麼能夠在目睹了人性的黑暗和無明後，還能有這麼多的愛呢？

　　演奏約莫二十多分鐘後告一段落，群眾掌聲四起，威爾·塔托博士回到講台中央，再度拿起麥克風繼續他的演講。這時，身為口譯員的我也得迅速拭乾眼淚，收起情緒，繼續翻譯。

　　生命中，你可曾遇過有些人，他不需要說些什麼，光是他的存在，就已經能讓人感到溫暖、受到啟發，不禁想讓自己變得和他一樣？

　　威爾·塔托博士就是這樣的一個人。

　　2016 年年底，我有幸擔任由心覺醒基金會主辦，塔托博士「世界和平飲食亞洲巡迴」台灣站的口譯員，在公開講座和對內工作坊中擔任翻譯。當我一遍遍重述著他的故

事——大學畢業就踏上徒步靈性之旅、到韓國剃度出家、辭掉教職在全美以及世界各地巡迴演講——我心中對他感到無限敬佩。究竟要有多大的勇氣和信任，才能讓一個人放掉小我的執著，臣服於宇宙更偉大的計畫？

在《心靈直覺的祕境》一書中，我看到了。其實我們所需的一切答案都已在心中，透過「直覺力」和我們溝通，只是長期以來形成了文化上的束縛和偏見，屏蔽了我們聆聽的能力，讓我們誤以為一生都必須像無頭蒼蠅一樣勞勞碌碌，只重外尋而非內求。

去年底有一天和塔托夫婦吃中飯時，塔托夫人玫德琳指著桌上九個口味的純素蛋糕問我，「你猜猜看，哪個是我最喜歡的口味？」我想都沒想就伸手指著檸檬塔，「這個！」。她非常驚訝，看著我說：「You're very intuitive」（你直覺力很強）。

其實，從小我就是個直覺力很強的人。要做任何決定前，總是有強大的感應，知道自己該不該這樣做。然而我卻也經常出於恐懼而聽信頭腦，用理性刻意將直覺埋沒。因此，我一而再、再而三地受自己這樣的行為所苦。只要直覺告訴我該做什麼，而我卻選擇背道而馳，後果通常都不盡人意。

正因如此，當看到塔托博士在最新著作中以簡潔明瞭的文字和讀者分享如何讓人生過得更加和諧、豐盈，聆聽直覺力來回應宇宙的召喚，我感到欣喜萬分。現在的我不但知道了直覺力的重要性，更能夠靠著書中提供的具體方法來練習聆聽。

　　直覺是每個人與生俱來的禮物，就像內心的燈塔一樣守護著、引領著我們的一生。想要回到內在源頭的你，準備好和塔托博士共同啟程了嗎？

Hailey Chang
純素部落客 Vegan Kitty Cat
權威營養學機構「NutritionFacts.org」中國社群媒體經理

聆聽上帝的聲音

結識威爾 · 塔托博士，正是信任直覺的最佳實證。

2016 年 2 月初，陪著 91 歲的父親看牙，在候診間等待時，視線隨意地掃過架上整排的書。瞬間停留在「和平飲食」這四個字，還沒來得及想，便伸手將它抽出來……

一進入文字中，即刻被書中所論述的深度及廣度所折服，同時也感受到字裏行間所傳遞的溫度，讓我相信，在作者宏觀的視野，細膩的筆觸，及智慧的見解背後，必定有份堅定的大愛在支持著。尤其當提到我們所吃下的食物是如何影響著人類的意識與振動頻率，生命的品質，即整個地球的現況……我心想：這不就是心覺醒想做也正在做的事嗎？

2 月 9 日半夜 12 點 39 分小年夜的這一天，我依循內心的指引，發出了第一封郵件給塔托博士，就在隔天，2 月 10 日早上 10 點 24 分，他回信了…從此開啟了心覺醒和塔托夫婦如家人般的情誼，以及 2016 年底的「第一屆世界和平飲食系列活動」，不可思議的是，因為這場活動，我的生命之流也如同打開了閘門般，湧進了各種意想不到的因緣和機

會。

靠近塔托博士和夫人玫德琳，那份舒適平靜和溫暖的感覺，會讓人久久無法忘懷。當瞭解他們如何將愛落實在日常生活及使命的道路時，會由衷地感動，敬佩並嚮往。他們那難以形容的生命能量，藉由演說，音樂，畫作與文字，自然地流露散發，是能夠滋養他人的精神食糧。

在他們離台後，我仍常禁不住重拾回味著，也常期待著，他能將其如此精彩豐盛的生命智慧精華，甚至具體的實踐方法，分享給更多人。

這本書終於實現了我的期待……

在古希臘 Delphi 阿波羅神殿入口上方所刻的神諭：knowthyself（**認識自己**），是人窮盡畢生之力都無法停止的探究和追尋……它是心覺醒創辦人的諄諄教導和提醒，是我的座右銘，它也是通往幸福的鑰匙，和諧關係的源頭，世界和平的關鍵。**而認識自己的終極方法就是開發個人的直覺力**，在《覺醒的力量》這本書也提到，人類正處於一個非常重要的轉捩點，長期失根，與真我失連的狀態，我們失去了「直覺」，導致內在與外在的衝突……，這種「靈性自覺」能夠讓人清楚覺察所有人是一體的，擴展到對整個星球，生

態的重視，重新尋回人與人，與自然萬物，與天地宇宙的平衡關係，這是核心的問題，也是唯一的解答，這種由內而外的改變，才是真正重大的意識革命。

　　從此岸到彼岸，是心的恢復之旅，是靈魂的回家之路，循著這位慈悲智者的指引，拼湊失落的碎片，弭平曾經的傷痕，當內在的完整與和平到來，天堂美景重現，才會發現，原來，沒有此岸，也沒有彼岸，原來，我們從沒離開過家……

董家霖
心覺醒文教基金會　執行長

特別感謝

　　這本書與附帶的音樂和藝術是一套開發心靈直覺能力的多媒體課程，我要感謝那些幫助它實現的人。本課題是從過去三十年來我一直在推動的課程、工作坊、研討會和冥想閉關發展而來。

　　在加州大學伯克萊分校攻讀博士學位期間，以及之後我在舊金山灣區教授各種大學課程長達六年之久，其中這本書提及的許多理念和練習都是來自當時的教授，而且我想感謝那些課程學生提供給我的寶貴意見。在那之後的幾年，我周遊北美各大城市和全世界，出席開發直覺的講座、音樂會和工作坊，我很感謝那些分享經驗和熱情，以及協助這些理念更加完善的眾多參與者。

　　我還要感謝我的學術和心靈老師賜福予我，透過他們的臨在與教導，促成了這門研究課程問世，特別是約瑟夫‧阿克塞爾德（Joseph Axelrod）、唐納德‧吉爾伯特（Donald Gilbert）、一鵬徐京保大宗禪師（Seo Kyungbo Sunim）和九山禪師（Kusan Sunim）。感謝那些閱讀手稿，並且提出改善建議的人，特別是札克‧沙茲（Zach Shatz）、伊娃

琳・卡斯珀（Evelyn Casper）和雷根・弗斯特（Regan Forest）。

我還要感謝貼心的妻子玫德琳全心全意參與工作坊和她的繪畫藝術，這些繪畫也是直覺開發課程的一部分。

人類的意識正處於劇烈的轉變過程，真心感謝所有催生者的努力。

這本書主要的內容在二○○五年已發行成電子書，配合《光之島》（Islands of Light）音樂光碟，並且收錄成音訊檔案，目前這個版本則是最新的修訂更新版。

直覺與光之島

我們聽說光之島在我們心靈深處，領悟、和平與直覺智慧的聖殿，這些內在的島嶼似乎在召喚著我們。或許我們可以展開一段旅程去發掘和探索它們，並且在這個過程中，開發讓我們在這地球上可以過得更自在與更有創造力的心法。

還有什麼比致力於培養我們的直覺作為送給自己和他人更好的禮物呢？在我們的日常生活中，有什麼比可靠的指導來源更有價值呢？它可以支持我們實現心中最深切的渴望，並且逐漸表露我們內在最大的潛力來領悟和祝福我們的世界。

直覺是源自於內在的教導，不同於以區分和比較為主，以及知者和已知之間基本上是分開的傳統理性知識形態，直覺似乎是內在和非二元，並且與增強創造力、靈性和療癒有關。當我們憑藉直覺時，我們是「從心所願」，當這個「我們」和「心」融合時，我們自然就是知道。雖然理性是外在有跡可尋，但是，**內在直覺的精髓在於寧靜與感受性**，即不是客觀也非線性。儘管如此，它賦予人們的力量讓人心動，並且

站在入口處執意地向我們招手，那是一種無法識別但卻又是完全出乎自然的理解方式，可以為我們在靈性的道路上和日常生活挑戰中提供寶貴的指引和機會。

我們要如何培養直覺？直覺生活的秘訣是什麼？直覺的領會往往大部分是透過比喻象徵。在這本書中，我們將展開一段寓言冒險來探索這些問題，用古老佛教「橫渡」的隱喻來比喻靈性覺醒，意味著**開悟就是從此岸橫渡到彼岸**。這個**「此岸」代表我們目前直覺和心靈發展的狀態，而「彼岸」則是我們完全覺醒的潛能**，過著充滿和諧、直覺智慧和創意無限的生活，這是我們潛在的可能性，而且我們可以從「此岸」隱約瞥見。

儘管看似浩瀚的汪洋將我們與彼岸分開，然而當我們橫越這片大海時，或許內心存在著啟發和領悟的島嶼將會協助和引領我們。人們以為這些島嶼超越我們的認知，這些傳說中的光之島，也被稱為失落的群島，據說是啟示和心靈力量的聖殿，因此在我們的旅程中，它們有助於我們銜接通往彼岸的各個方位。也就是說，每一個島嶼都有其獨特的教誨和洞見，並且可以激發我們直覺潛力的開發。

除了透過比喻和字義的文字語言來傳達理念之外，我們

還會使用音樂和藝術的語言，在本書中，文字和音樂將交織貫穿這整個旅程。音樂演奏收錄於專輯《光之島》（Islands of Light），你可以在作者網站或 iTunes 及其他相關網站購買，內容包括作者為本書創作和演奏的十八首原創鋼琴曲。

「想像之島」章節中翻印的水彩畫來自玫德琳‧塔托（Madeleine Tuttle）的創作，如果書本背面沒有附上其彩色單張水彩畫，你可以上網頁 www.willtuttle.com/Paintings.pdf 觀賞。

長久以來，音樂和藝術被視為是直覺的語言，並且隨著我們的直覺開啟，似乎更能接收來自非語言的節奏、和聲、旋律和圖像的訊息。當我們練習接收音樂和藝術內含的訊息時，我們會對我們內在與外在世界之間那道神祕的連結更加敏銳。接觸來自靈感的音樂和藝術可以滋養我們的直覺。

當我們前往彼岸尋找神祕的光之島時，我們正踏上更廣闊和連結更深層的覺知之境。也許我們會發掘**有助於我們解開、釐清和照亮困境與問題的直覺能力，讓我們有種了然於心的平靜**。除了引導我們心靈的進化外，直覺還可以協助我們在個人事務上做出明智之舉，並且在創意方面激發我們的創見，為我們的日常生活帶來靈感。我們可能會發現，直覺

是我們最好的朋友和盟友，而且這份內在的指引，將可以讓我們迎向更高層的悟性和自由。我們知道，我們的文化教育大多忽略這個寶貴的內在資源，並且從未教導我們如何培養直覺。

或許全人類最深切的渴望就是到達彼岸，儘管我們經常感到混亂迷惘而忘記它的存在。這個「彼岸」有著各種名稱，例如，在基督教傳統中，「你們要先求他的國和他的義，這些東西都要加給你們了（馬太福音 6:33）」這點極為重要。這個「國」並非身外之地，而是內心。彼岸同樣也在我們的內心，正如我們前往的旅程也是如此。

這趟到達彼岸的旅程可說是從頭腦到心的旅程，有助於我們療癒內在的分裂，並且發現生活與生俱來的喜悅和祝福。這是一趟冒險之旅，彼岸，一個未知的世界，正在召喚著我們。

　　現在我們站在船的甲板上，俯瞰從港口到不斷延伸至遙遠地平線的黑暗海洋，據說**這趟喚醒直覺之旅的第一個島嶼是領悟之島**，它或許可以向無畏的朝聖者揭示正確適時的理解，以便支持接下來到達彼岸的航程。在領悟之島後更遠的地方還有其他傳說中的島嶼，我們也希望可以到達那些島嶼。每一個島嶼都很迷人且充滿力量，並且提供發現直覺生活秘訣的具體技巧和機會。

　　在我們周圍是海港熟悉的景象和聲音：碼頭旁釣魚的人們、身邊飛來飛去的海鷗和叫聲；海上浮標鈴鐺發出的叮噹聲、乘風破浪的帆船，以及各種船隻在波濤洶湧水域航行時

的電動馬達轟隆聲與激起的泡沫。雖然我們用「我們自己」（ourself）這個複數代名詞來表示，但這是一趟單人之旅，我們現在就準備啟航，獨自邁向這個航程。

我們生活中的一切將我們引領到這個出發點，我們這趟發現之旅的船即將下水。**在我們身後是已知的世界：長久以來忙碌的模式。在我們前方則是無邊危險的海洋，以及前往光之島和更遙遠彼岸的旅程**。這片海洋延伸至這個淺淺的港口和我們停泊的船隻，不安地等待著，想要挽留我們，同時間卻又堅定不移地向我們招手。我們的內心蠢蠢欲動，不再滿足於港口的喧嘩，我們渴望自由和冒險，想要更深刻的人生體驗，並且發掘在我們這個小小已知的世界之外究竟隱藏什麼寶藏。

現在，彼岸正在呼喚我們。

Chapter 1

The Island of Understanding

領悟之島

當我們離開港口航向靛藍漸深的水域時，我們感到喜悅、悲傷、興奮與恐懼全部交集在一起。回頭看著背後喧囂的陸地，我們開始若有所思的意識到或許我們不會再回到這裡了，這時心中生起了一股莫名的疼痛感，我們即將離開熟悉的世界，以及它一直以來帶給我們的安全感。

我們的船乘風破浪迎向廣闊的海洋，在大浪中不斷向前行。當我們駛出了港口，我們開始感受到意想不到的解脫，彷彿肩上的陳年重物漸漸消失，有種如釋重負與自由的感覺。這種釋放的感覺逐漸累積，當我們看著前方無痕的水域時，心中湧現難以言喻的雀躍。我們的悲傷和恐懼減輕了，我們意識到，無論我們過去留下什麼，未來又是什麼，此刻的我們正在追隨內心的渴望，並且從中獲得極大的滿足。當下這一刻是幸福且真實、美妙而永恆。我們充滿生氣，細細品味每一個波浪、每一口芬芳氣息和閃閃發亮的陽光。我們可以看到數英哩外之遠，我們油然而生地感謝這艘船、這片海洋、這一生，以及引領我們來到這一刻朝波濤前行，迎向彼岸的所有人事物。

我們航行了幾天幾夜，依舊看不到陸地，為了尋找地平

線，我們的眼睛感到疲累不堪，在航程中，時而逆風，時而平靜。即使在風平浪靜或驚濤駭浪危險之際，我們依舊盡己所能繼續前行。有時風雨無情地衝擊我們，我們必須不眠不休地工作，只為了保持漂浮和維持在航道上。

　　光之島未被標記在海圖上，雖然我們聽說它們在東南方的某處。至於導航，我們則是依靠我們的指南針和內心的感覺。**第一個島嶼：失落的領悟之島**，據說是最難到達的，而且我們聽說只有在黎明和黃昏之際，那些被允許看到的人才能見到。

　　大約又經過三個星期的航行，我們開始擔心，因為我們的供水量變少。然後一天早晨，我們留意到光線有所不同，空氣似乎更清新，有一種就在此處的感覺，因此，我們放慢航行的速度，並且在黎明和黃昏時特別注意。我們發現靜靜坐著傾聽內心，放下想法保持開放，我們就能接收這種存在於此的感覺，不管是偏離或更靠近，我們都會知道。我們早晚練習著這種聆聽內心的冥想，因為我們不想錯過這個神祕之島，我們感覺它就潛伏在附近的某處。

　　隨著時間的流逝，我們的船上能飲食用的水，逐漸地減少，儘管我們意識到現在我們必須回到陸地或面臨脫水的風

險，我們依然持續耐心地冥想，並且順著內在感知的方向緩緩行駛。我們感覺到小島似乎近在咫尺，有時我們可以聽到嗡嗡的振動聲，以及偶爾看到水面上閃爍的光彩。當我們朝著亮光向前行駛時，嗡嗡的聲音似乎越來越大。

然而，我們愈來愈口渴，而且焦慮著，逐漸地我們被逼到我們最大的極限。太陽和月亮圍繞著我們，我們繼續航行，努力保持內心的平靜，因為一切變得越來越夢幻。當我們漂移在廣大和困惑的時間與空間的波浪中，我們似乎在半夢半醒之間，我們的世界變得好比一場夢，令人極為苦惱。

又過了幾天，我們能飲用的水幾乎耗盡。就在某一天晚上，我們夢見一棵紮根於天堂的大樹，其枝葉伸展到地球上，之後我們醒了，靜靜地坐在甲板上尋找周圍的地平線。此刻風平浪靜，不久後，當太陽從東方升起，我們看到它了！籠罩在一片霧中，在右舷方向，我們看到一個在第一縷晨光輕撫下的明確小島。我們內心充滿感激，發出欣喜若狂的吶喊。我們癱軟在甲板上，破裂的嘴唇微笑著，盡情享受此刻釋放的緊張、焦慮和懷疑的喜悅。我們意識到，實際上我們正朝著這個島漂移過去，彷彿被牽引。

在幾個小時之後，我們涉水而過，終於踏上乾燥的陸地。

我們跪在沙灘上，又口渴又感恩，在探索這個美麗的地方之前，我們先休息一下。

這裡有高山，在島上步行幾分鐘後，我們來到一個川流不息的清澈深池。我們暢飲、洗澡，讓自己煥然一新。島上還有木瓜樹，我們吃了幾顆美味的木瓜後，對島上豐富和美麗的一切感覺到振奮與欣喜。

再次回到岸邊，我們沿著海灘散步，最終來到一塊風化的木牌旁，上面寫著：

> 一頭牛，試圖穿過大門，但卡住了；
> 只有它的尾巴過不去。

我們停下腳步坐下來。這二行字內含一個深奧的問題，到底是什麼呢？這個古老的木製標誌意指什麼呢？在這個領悟之島精神的帶領下，我們開始有所領會，意識到這兩行是一個禪宗隱喻。

我們記得，在冥想傳統中，禪宗隱喻是一個冥想的問題，

在理性思維下是無解的。我們看到，當我們沉思這個隱喻時，我們的直覺自然受到刺激，感覺這個問題正在推動我們進一步領會後續的旅程。這個隱喻是什麼？這頭牛代表什麼？這扇大門又是什麼？它會通往哪裡？牛的小尾巴怎麼可能讓牛無法通過大門呢？這個畫面多麼荒謬啊！為何它的尾巴過不去？它所指的是什麼呢？

過了一會兒，我們有意識地放鬆我們的頭腦，因為它反覆思索這個隱喻，就像它看見每一個問題就試圖要解決它。最後，我們平靜下來，進入內心的寧靜，然後不可思議的是，我們突然聽到小島的聲音，就好像它在跟我們說話！

「歡迎！真高興你在這裡！」我叫領悟之島，要找到我並不容易，而你的堅定意志讓你心想事成。我是你航向彼岸朝聖之旅的第一站，我希望能協助加深你的領悟力，但要有所領悟，你一定要有悟性！千萬不要讓這個困擾你，任何你的直覺發現和領會到的都與你的理性思維相互矛盾。

直覺不是異於尋常的天賦，只有少數和特別的人才有。每個人內在都有直覺的潛能，如果不是你的直覺，你不會找到我。就如同那頭牛一樣，你已經通過大門，進入直覺之境，

這是你的真實本性，但不知何故，就像牛一樣，有一條尾巴讓你無法徹底穿過。這條尾巴究竟是什麼呢？為何它總是跟著你？正如尾巴總是跟著牛一樣？可能是伴隨著你許久的舊傷口，像一條尾巴，你的眼睛看不見它，因為它在你身後晃來晃去，一個你誤以為是朋友的昔日死對頭。

這時聲音停止了，相反的，當我們的心靜下來和敞開時，我們開始有一些想法，就在與這個島的明顯出現的同時，我們漸漸意識到**牛的尾巴是一種無法辨識的假設，總是纏著我們的意識**，我們從這種假設中獲得特定的想法，成為一種附體，而且根深蒂固、強壯有力。然而，愈來愈明顯的是，通常這種無形的假設是一種錯誤的信念，也就是我們是一個個體，其他人也是一個個體，身為個體基本上我們是分開的。**我們開始發覺到尾巴是一種習性**，而且幾乎是**一種普遍看待事物的方式**：我們有別於他人，基本上是相互競爭的對象，我們看到這條尾巴是長久以來我們**那些揮之不去掙扎的根源**。

我們突然明白，牛尾巴也只是一個故事，它一直依賴和餵養我們的自我，用這個老掉牙的故事，讓我們不斷告訴自

己，持續強化我們是單獨存在的個體。大腦一心只想著其個人的故事，而且加上故事中所有的遺憾、戲劇化、憂慮和掙扎，使得這個故事更具有說服力。它堅決抗拒任何內在的寧靜和清醒的意識，因為這似乎是一場死亡——其存在的結束，對於相信其本質為分離的心智附體而言，它甚至認為有痛苦和悲傷的故事，總比什麼故事都沒有來的好。

我們看到牛的尾巴是一個舊傷口，也許是二元論的傷害，我們與世界分離的深切之痛。尾巴的無情故事繞著誤解的假設打轉，也就是它是獨立的，與其他人不同，是生命的主流。這個尾巴的故事深植人心，成為我們意識的附體，然而它如何影響我們？我們看到，在我們成長的文化中，這個假設和分離的傷口是如此的普遍，原來尾巴才是主事者，牛只是附和搖擺而已，因此，這條尾巴肯定會卡在任何門口。

我們不禁開始好奇，「這個傷口最終該如何療癒呢？」這時，小島又再次現身，直接與我們溝通。

或許過去痛苦分離的傷口是一個幻覺。也許當你直覺意識到你從未與你生命的無限本源分開的那一刻，它就得到療癒了。不過，看起來被制約的頭腦無法領會，因為這需要一

定的意識躍進，一種徹底和無跡可尋的觀點轉變。當你真正領會到時，你的臉上將充滿止不住的喜悅淚水和笑聲，也許這頭牛在任何時候都是自由的，可以進入無限的自由和喜悅之境。我們的本性明白，這頭牛牠的小尾巴可以縮回其原來的大小，尾巴根本就不是一個障礙！你的本性也可以自由地在這片和諧與創造的原野上漫遊，一旦你悟到這頭牛和你的尾巴的本性。

然而，文化教養似乎使這種領悟遙不可及，這個強烈分離的信念嵌入在語言、文化和制度之中，對直覺產生不利的影響。從嬰兒期開始，你接受的訓練往往強化了這個分離的信念，你被教導要鑽研細節，不斷細分以求得知識。你不得不把自己分成好幾個部分，與他人競爭，壓抑天生的能力、智慧以及慈悲心。不過現在，你似乎正在覺醒，並且開始意識到，普遍的文化教養是父母、教師、醫生和其他人出於善意所造成的傷害，他們也有著同樣的傷口，而當你質疑這種灌輸教育時，你可以釋放你的心靈。

「有鑒於**理性認知是透過切分**（dividing，希臘文：《ana-lysis》分析意指「分開」）**和比較**（comparing 來自拉丁文《ratio》意指理智）**以求得知識**」，而**非理性的直覺則**

是透過放鬆、擴展，敞開和跳躍至更宏觀、更全面的觀點。
在其全然綻放之際，直覺或許可以消融知者和已知之間二分法的對立，進入一種超意識，超越理性和制約思維的深刻洞見。

在這個領悟之島，你有機會深化你的領悟力，並且提出質疑與意識到，或許你的人類進化系統正在呼喚你重視和探索直覺。透過這種探索——你的尾巴，這個認為你是一個獨立個體的信念可能會開始縮回到其適當的大小。這可能是療癒引發恐懼、渴望、憤怒、貪婪、焦慮和所有其他深層傷口的方法。

這個島嶼既讓人心安又充滿挑戰——你的舊傷口，獨立自我的頑固幻覺它是可以療癒的。這可能是打開直覺大門的關鍵，冥想靜心的做法有助於此，這不是什麼超乎尋常的事情。常言道，冥想不是在於你所想的，它是一種技巧，讓你看見一連串內心的獨白與不斷自述那些餵養尾巴，好讓你可以繼續沉浸在分裂、分心以及自我侷限的分離故事。

透過領會這個概念有助於冥想，因為概念本身無法傳達智慧。如果它們引領你到它們自己的邊緣，這將是難能可貴的，如同來到斷崖，接下來它們將無法帶領你。在這之後，

你要放下，而這種放下是進入一種超越概念的意識就是冥想。當你練習冥想，練習放下對已知的執著，此刻的覺醒與否則在於自己的修為。

　　冥想，我們可以解讀為聆聽內在，一種放鬆的警覺性和開放性，協助你跳脫出你的經歷感受，進入萬物之境。透過冥想的練習，你彷彿可以通過這道大門進入解放的境界。

　　我們繼續探索這個令人嘆為觀止的島嶼，思索我們在這裡聽到的想法，以及牛尾巴的隱喻。我們停下來休息，坐在樹下，這時我們注意到一隻松鼠坐在樹枝上正吃著堅果。仔細觀察這個景象，我們留意到制約化的頭腦看到的是分離，松鼠和樹絕對是分開的，具有不同目標和不同行為的獨立個體。由於觀察更為敏銳，這種看法似乎很狹隘，而且看到衝突和競爭。松鼠與其他松鼠競爭樹上的堅果，樹的目標似乎與松鼠的目標有衝突，因為如果松鼠吃掉所有的堅果，樹就永遠無法再生。這對我們的制約大腦而言是真實可證的，於是我們允許自己有意識地體驗這種觀察方式幾分鐘。

　　現在我們放輕鬆和敞開，放下思維。我們練習用小島建議的方式以直覺之心觀察事物，我們會開始感覺到其中的關

聯性，看到樹和松鼠這兩種生物之間基本上是相互合作。一個提供氧氣、住所、食物、樹蔭和支援，另一個提供二氧化碳、肥料和傳播種子的方式。更深一層，我們看到它們配合得天衣無縫，一個穩定與一個靈活，以及它們如何分享施與受，活力與詼諧等等。

即使以純粹的物理層面上來看，樹的細胞變成了松鼠的細胞，松鼠的細胞也成為樹的細胞。我們進一步認識到，它們是這個相互供給的共同體的一部分，而且它們都在這個共同體中發揮本身的作用，並且表現這個共同體的智慧，隨著我們持續敞開變得越來越大，擴及島嶼、海洋、地球、太陽和天空，擴張到一個又一個的邊界，揭示了所有層面和存在本質的相互關聯性。

當我們繼續練習看深一點，我們看到表面上分開的事物，我們所指的「樹」和「松鼠」基本上可能是沒有分開的，當有了這份領悟，身為察覺者的我們也融入了這個日益深化的意識，我們不再是一個獨立的觀察者。我們感覺到根本無所謂的「物」，由於「我」之牆融化在這些領悟的浪潮中，我們更可以清楚地將「松鼠」、「樹」和「我」視為是超越其命名，內在有著難以想像的偉大存在的表現。我們正在意

會島上的教誨，理解言語和概念如何限制我們的意識，以及代名詞和名詞如何失真，導致我們遠離我們自己，使我們無法意識到在我們周遭和內在更深的發展過程。我們從強迫性的思考中窺見這份自由，以及這份領悟將如何協助我們發展直覺。

現在，松鼠穿過草地爬上另一棵樹，剛才那一幕真的是如此嗎？「松鼠」在哪裡？「樹」在哪裡？「我」又在哪裡？這些都是單獨的個體？還是它們是思想的分類和文字的結構？此刻直覺乍現高興地笑了起來，並且打開相互連結的遠景。不知為何，在這個島上，這種看法似乎比在我們之前的文化中更容易領會。

小島再次對我們說：「直覺也許是更高的知見，可以使理性思維更加完善」。理性也是一樣，直覺也可以培養、訓練和發展。方式是透過練習，就像任何藝術或工藝一樣。不幸的是，在學校裡，你大部分接受的訓練是細分事物以理解它們。現在你知道你不能像小孩一樣，然而你渴望重拾被忽視和壓抑的直覺，以協助你重建你的世界。

少了直覺，你可以立即領會深層的相互關聯性和生命的

神聖性嗎？你能體驗到快樂、美麗或慈悲嗎？少了直覺，你能夠將之前分裂的過往重新整合嗎？你和你的文明能否免於瘋狂謬事呢？這是我們人類的悲劇，也是你們使命的源頭，你或許被召喚要為你們受傷的文化帶來療癒，這意味著你要先療癒自己內在的傷口。

還記得小時候在學校老師會問班上問題，你以有效的方式學到老師問題的答案有「對」和「錯」之分。你被潛在的文化素養灌輸，而且影響深遠，因為你直接看到「錯」的答案將導致不認同、成績差、在家碰上麻煩和否定，而「對」則享有成功、認同、權力和安全。對和錯這個二元化的舊傷在早期已深植人心。作為一個孩子，你就像一塊海綿，吸收文化給你的指示，好讓幼小而脆弱的你可以在這個文化中生存和明瞭事物的道理。

回想起來，你不也是不斷地追求正確與避免錯誤嗎？你是否不得不戴上文化認同的濾鏡，將事物一分為二？是為了控制還是排外？看起來這種對與錯的強迫概念對此是有效的。另外，當你在學校乖乖尋找正確答案，並且在必要時舉手提供正確的答案，有時你會聽到「很好！你怎麼知道這是

正確的答案呢？」這真是一個大問題！你學會基本上有兩種類型的回應，其中一個是「我在這本書的第 79 頁看到」，這時老師會說：「沒錯，真了不起，很好！答案就在 79 頁」，所以你被訓練接受正確與否是來自外在的權威。在學校你被教導聖經內含真理，你必須接受這些文化假設的正確性，不然你幼小心靈的存活就會受到威脅。

對老師的問題「你怎麼知道這是正確的答案呢？」的另一個有效回應為提供一個符合邏輯、有跡可尋、線性的思維方式來支持你的答案。這種線性理性思考的要求存在於數學，同時也擴及歷史和地理。從學校初期開始，相互關聯的基本知識被忽略，因為它被劃分為各種類別和主題。你學會聖經（外在的權威）與邏輯實證思維是唯一正確的安全保證。你在學校、教堂和家中學到這件事，每個人都在這種無形的文化氛圍下生存。想像一下如果你在八歲時被問到這個偉大的認識論問題「你怎麼知道你說的話是真的呢？」而你的回答是：「老師，我知道這是真的，但我不知道我是怎麼知道的，我就是有一種感覺」或者「答案來自我內心的寧靜，來自內在的認知」，這時老師可能會說「錯了，這下可糟了！」。

身為文化的一員，你可能被迫從事許多壓抑直覺的作法，現在你完全明瞭，適合這一代的概念可能已經不再適用另一代了，也許你在學校和媒體上學到的大部分真實或正確的一切往往被嚴重扭曲，尤其是從基於直觀價值觀而不是從物質價值觀的角度來看。所以隨著你繼續自己的人生學習冒險之旅，並且追求到達彼岸時，這或許有助於你認清和承認你從小就熱衷並且精通二元思維、區分事物以及向外追求真相的過往。

　　微風靜靜吹拂著我們頭上的棕櫚葉。得知我們從小到大所受的訓練反而成為我們在尋求高層真知的障礙，這點實在令人不安。

　　在領悟之島，你可能意識到發展直覺是需要訓練和練習，而且在許多方面的作法似乎與你之前所學的相反。現在你可能會發現，學習往內尋求真相是有用的，並且學習停止對與錯的習慣性判斷，以便更清楚看到事情的來龍去脈和相互之間的關聯性。**你可能要學習放鬆和擴展而不是緊縮，放下文字思維作為知識的來源，放下對過去和未來的強制性定位，並且培養你的直覺和想像力。要做到這些並不容易，在**

這之前先給你一些訓練，之後再加上你的努力發展直覺，或許這有助於讓你的生活和世界充滿和平、療癒與喜悅。

正如你所深知的，你的文化在許多方面是基於主張權威凌駕於他人和自然之上。你可能會發現，從小你就學會這樣是正確的，並且以無數微妙的方式接受它。或許這就發生在你每晚的餐盤上，一隻被屠宰商品化的動物，而且你甚至還不得不把它吃下去。分離主義思維似乎是一種非常符合這種操控支配取向的工具。你或許越來越清楚為何你被訓練成分析、競爭和分類的高手，以及為何連結、往內深入探索一直以來被忽略和壓抑。由於智慧是包括建立有意義的連結能力，而在現代這個資訊過剩之際，你的高層智慧實際上可能會因此萎縮。因此切斷來自直覺的意圖和智慧所得到的訊息這樣真的對我們有幫助？還是反而讓我們更混亂，並且製造更多支配與剝削的機會？然而，對於想要控制你和你的機構的「精英人士」而言，你的高層智慧萎縮可能讓他們從中受惠，不過，有人真的因此更快樂嗎？

我們或許可以開始理解，人類的發展有好幾個階段，從理性的前期階段到理性，然後再到理性後期或超理性階段。

這些後來的理解模式被稱為直覺，其中可包含和運用理性，但似乎並不受限於理性。直覺可以看作是一個更高的進化階段，在適當的情況下，理性確實是一個有用的工具，可以發揮更高層直覺的指示。

現在，後現代西方的許多人似乎都意識到，我們慣用的思維和行為會產生更多的壓力、更多的浪費、更多的苦難，以及更少方法與資源可以有效解決眼前的問題。或許發展直覺是社會未來文化的要素之一，也許你就是那群熱切渴望被療癒的人民所推派出來的代表，你可能是他們的使者，內在驅使你來到這裡的那份推動力可能不僅僅是你自己的而已。

愈來愈明顯的是，至少對某些人而言，這種二元論的傳統思維不再適用，即使是那些理性、科學主義的堡壘。正如你所知，物理學大多是以物理和數學為基礎的科學，然而卻也是第一個遇到困境，當二元論的科學方法無法再解釋實體的本質：光不是粒子也不是波，它兩者都是，完全取決於觀察者的角度。而這種認知使得神聖的假設科學主義之一，視實證主義科學是追求真理唯一可靠方法的「客觀觀察者」的神話逐漸沒落，這種客觀觀察者的見解似乎是牛尾巴裝扮成穿著白色外袍的科學家，測量與試圖瞭解一個它假設本質是

分離的實體。在這個領悟之島，這樣的心態只會讓直覺心靈覺得好笑，或許科學家本身才是自己實驗的一部分。

在這個領悟之島，我們逐漸感受到心靈的擴展，然而這並不怎麼好受。隨著我們的能力不斷展開，許多現實熟悉和有把握的信念正受到質疑。我們可以隱約感覺到我們許多的思想很狹隘、僵化與自我侷限。那接下來我們該怎麼辦呢？

島上之神繼續說道：「方法或許是透過練習，要成為一個編織家，你要編織；要成為一位舞蹈家，你要跳舞；要成為一位畫家，你要畫畫；但要發展直覺，你要練習什麼呢？或許練習靜坐冥想是邁向直覺知見之途。」

這個島很安靜，在這裡冥想和聆聽內在更為容易，你在這裡停留的期間可能會發現，冥想練習自有其回報，而且本身就是一個自我實現的「活動」。非活動可能是一個更貼切的詞，你也許會看到經常練習冥想傾聽內心的影響，並且見證其效應擴及生活各方面。它有助於你擺脫文化制約思維的束縛，並且連結你的直覺。每一刻都是一個好機會，讓你深入發掘內在更多未曾探索的領域，而且你還會發現這對培養你的注意力非常有幫助。

例如，一個人如行雲流水般彈奏著樂器，享受即興演奏時呈現出來的節奏和旋律，完全處於忘我的境界，或許要讓觀眾的心中充滿喜樂，是要花無數個小時的練習，才能將音樂的內涵與精神表達出來。當你練習冥想，不斷將注意力拉回到當下，就這樣，你的精神意識、豐富情感與內心平靜，以及天馬行空的創作力和靈性成熟度將會逐漸顯現，而這一切將有助於你揭開生命的美好。你可能也會發現，隨著你的視野擴大，你更加理解和關心別人，同時，你也可以透過覺知來學習如何觀察心靈，而不是被內在中那無休對話的所有想法和反應所左右。冥想練習可以訓練專注力，持續地讓注意力回到當下的意識。

　　在領悟之島的寂靜之際，我們開始以新的方式看待和體驗事物。一天一天過去了，我們漸漸意識到我們不只是有形的個體隨著時間流逝。一天下午，望著神祕的海洋，我們感覺到自己充滿活力，與眼前的景色有很深的連結。這種感覺越來越鮮明，突然間我們聽見海浪的聲音好像就在我們裡面，心中感覺到微風，而且還聽到內在海鷗從遠處傳來的笑聲。陽光在我們內心照耀著，一切似乎就出現在我們如是的

內在，而不是我們習以為常的外在世界。

慢慢地，這種體驗漸漸消失，然而我們感受到此刻小島熟悉的親切臨在，正拍打著我們的意識邊緣吸引我們的注意：「喔！非常好！這種看法可能有助於你回到『彼岸』的旅程。世界雖然好像在你的身外，但其實這一切都發自你的內心，這就是意識。隨著你的直覺發展，你會看到你的生活更和諧，因為你更清楚明白你與周遭世界和你的本源是一體的。你的關係、你的工作、你的飲食習慣、你的消費模式可能會變得更慈悲，因為這種意識會深化傷害和限制他人，終究會傷害和限制自己的這個領悟，以及當你賦予他人更多的自由，你自己也會更自在的信念。」

慈悲心和直覺似乎是互相滋養，就像一棵大樹的根和樹枝呈反方向生長。其因果關係為何？我們不得其解，因為根若不向下深紮，樹枝則無法生長，沒有樹枝向上生長，根則無法紮得更深！如果它們都在等對方先生長，也許它們會一直等下去，結果就不會有任何成長。或許它們不是真的分開，就如同直覺和慈悲心根本沒有分開。我們要從更大的整體面來理解它們，也就是它們是相互供給：樹正在成長，這是一個過程，沒有分開，如果我們將之一分為二，或許唯一的原

因是我們本身是分裂的。

　　這些話在我們心中迴盪，我們看著腳下的波浪，反覆思索著。每一個波浪都是獨一無二的，每一個波浪生起，在波動一段時間後，最終都無可避免地在岸邊退去，然而每一個波浪都是生生不息的海洋。海洋本身產生無數的波浪，一波接著一波，似乎沒有單獨一個波浪可以掌握其整體海洋真實的本質，在不被狹隘的波浪視野侷限下，它意識到它和所有的波浪有著相同的來源，那就是大海。海浪實際上並未消失，它們的本質是永恆的海洋，而不是短暫的波浪。

　　當我們看到波浪不斷升起、波濤洶湧向前湧，並且在海灘上成為碎浪退去，我們練習同時領悟這兩個層面的真理：每一個波浪都是一個獨特的個體，而且這一切都是出自大海。過了一會兒，我們的視線轉移到海灘上的棕櫚樹，它向著太陽伸展，紮根在地球上，我們發現我們可以視它們如同波浪一樣，也是起起落落，是一個比較不容易被領會的更大海洋。

　　小島再次說話，聲音像一個溫柔明智的老人，「你所領

悟的一切或許意義深遠。波浪是由海洋本身創造的，也許當你以此領會看自己和所有的生命時，你可以感受到內在的源頭。對於某些人來說，這可能是一種祈禱的形式，也可以是一種超越二元對立的交流。對波浪來說，祈禱是一個過程，讓它領會其真正的本質是大海，對你而言也類似如此。」

直覺似乎是鎖在門後的寶藏，諷刺的是，它也是打開門的鑰匙。它是一個寶藏，因為它賦予智慧、療癒、心靈覺醒、豐富創造力、自由和喜悅。它也是鑰匙，因為它照亮通往大門之路。這是直覺，因為它取代外在單獨個體的自我概念，超越大腦的思維模式。如果你的直覺知見持續敞開，也許它們能夠感覺到大部分人肉眼看不見的事物之間更深的連結。或許，實際上在本身和物體之間只有事件存在，而且事件是隨著時間來來去去、起起落落，除了在具體化的思維之下，或許根本就沒有所謂的自我存在這回事。也許當有了這份領悟，自由才能開花結果——或許牛的尾巴會縮小，我聽說田野裡的綠草是又甜又香呢！

俗話說「**要和平別無他法，和平本身就是方法**」，或許路徑和目標是一體的，是共同的展開。分離概念的荒原只會創造一把園藝刀、柵欄、籠子和危險武器，然而，以直覺的

灌溉，嬌嫩和鮮艷的花朵將會開始綻放。我邀請你培養這個花園，這是你真正的家園，你自己的心靈。我邀請你經常將注意力放在感受當下這一刻。

深吸一口氣，慢慢吐出來。你能夠感覺自己存在於你的體內，感受你的重量和這種體驗在肉體上的感覺嗎？留意氣味、聲音和視覺、溫度、空氣和天空。在這呼吸短暫的一刻，沒有思想，只是存在。覺知，就是這樣，在這裡，在此刻。只是存在。此刻什麼都沒有，只有覺醒。當下這一刻。

冥想，即使只是短時間的練習，它也可以像一陣清新的微風，一道涼爽的浪潮打開你的眼睛、耳朵和感覺。經常練習，你的生活就會成為意識正念的道場。我邀請你探索這條直覺之路，通往覺醒和自由的道路。也許牛的尾巴會縮小到其原來的尺寸，而牛，你的真實本質，將會穿過門口，享受無限的人生。當你深化你的意識根源時，也許你的直覺分枝會自動向天堂延伸，也許你是一棵大樹；也許你會發現牛的尾巴。

小島的話像內在的小河流進我們心裡，化解了讓人困惑

已久的難題和緊繃。當我們靜靜坐在島上的這一刻，錯綜複雜的混亂和兩難的困境都已消失不在。

我們在島上待了幾個星期，散步、游泳、休息、練習聆聽內在，以及讓我們更加參透小島的智慧。好幾次，我們體驗到伸展和擴展的感覺，並且察覺到外在世界是源自於內心。感謝領悟之島賜予的禮物，終於我們感覺到「彼岸」正在呼喚我們。

一個內在的窗口在我們心中開啟，揭示我們的本質和分離虛構故事的初步與全新認知，我們感知到在小尾巴的門外與自我侷限的監牢之外是自由的明亮之境，以及它如何跨越混亂思維的侷限，並且發光發亮。

我們真正的自我，這頭牛，聞到喜悅和自由之地的芬芳，這是它的家，並且意識到，前方沒有障礙，有的只是它的小尾巴。它的鼻孔張開，眼睛明亮！它的心跳躍著！這一刻是多麼美好啊！棕櫚樹在涼爽的早晨微風中徐徐飄動，從遠處和內在，我們聽到了海鷗的呼喚。當我們走到海灘，告別小島並感謝它時，我們意識到老舊木牌已經消失了，現在這隱喻已在我們心裡。

在我們離開小島之前，我們靜靜地坐著，聆聽它給我們

的信息，如同大海中旋轉與穿過樹林的樂曲。我們深深地聆聽，透過音樂的節奏、旋律與和聲，我們收到了難以言喻的領會。

（若要欣賞這首樂曲，請聆聽《領悟之島》，收錄在《光之島》音樂光碟的第一首。）

Chapter 2

The Island of Energy

能量之島

我們依依不捨地離開這個美麗與豐富的領悟之島，看著這個逐漸消失在西方的小島，由衷感謝它帶給我們的一切。這個島彷彿是一位睿智的老奶奶，指引著我們繼續向東航行，並且透過它的教導，將安全到達下一個島嶼。船上有新鮮的水源、香蕉、木瓜和椰子，以及從西南方吹來的強風，海洋一路承載著我們，就像是它的其中一個波浪。

經過數周的航行，我們經歷了一場強烈的熱帶暴風雨，厚厚的雲層帶來豪雨打在身上，狂風呼嘯捲起巨浪，威脅著要吞噬所有的一切，彷彿是在玩弄手上的一個小玩具。我們耗盡所有的精力才能保持船隻不會翻覆，當波浪特別高而灌進甲板上時，我們唯一能做的也只是祈禱，記起領悟之島的教誨，那就是海浪和大海是一體的。

當全身濕透，緊抓著在大海中載浮載沉的小船，我們在禱告中讓我們想起，一切存在都是無限源頭顯化的真理，我們將焦點放在這個領會上，意識到，我們如同波浪，都是同一個海洋的呈現，而這個海洋就是這些外在波浪和一切生命的源頭。此刻我們開始將注意力放在感受暴風雨表面下閃耀的本質和不變的和平，並且盡力放鬆自己，信任當下感受到的愛。

　　我們謹守領悟之島的教誨，有意識地去意會，人本質上是永恆的，不可磨滅的，正因為源頭有著相同的本質，我們從來不曾離開這個源頭。我們是一波海浪、是這個海洋。禱告是一種力量，並且滋養著這份永恆意識的覺知。當恐懼的想法出現時，會盡全力用這種領會來取代它們。隨著這種意識在內在逐漸增長，漸漸地開始感到放鬆，最終陷入沉睡，隨著時間、空間和夢境的流逝，在大海呈弧形的巨手中搖擺。

　　早晨的陽光迫使我們不得不張開眼睛，微笑看著晴朗的天空，靜靜地照著輕輕搖擺的小船。就在太陽的南方，有著一片薄霧和明亮，朝著它的方向慢慢行駛，我們開始看到地平線上出現明顯的陸地輪廓。到了中午，遠處逐漸浮顯一座高聳的火山，我們逐漸航向這一個壯觀的島嶼。

　　閃閃發亮的黑色沙灘，在一路向高山延伸而上的茂密的熱帶森林前，我們選擇在一個入口處停泊，那兒有條小溪，溪水沿峭壁蜿蜒而下，注入藍綠色的水面，很快地，我們踏上了海灘。在這裡我們感覺到一種力量，融合了鮮明的親切感，步伐變成一種輕快的漫步，之後變成一種愉悅的自發性舞蹈。這裡的能量是如此的強烈，就好像音樂一樣，身體不

由自主地跟著它的節奏擺動，時而旋轉，然後輕輕地搖擺，並且隨著島上溫暖的和風，在無聲樂音中翩然起舞。

（讓我們來感受島上沙灘的樂音，請欣賞《光之島》中的第二首曲目《舞蹈之光》。）

最終，我們放慢舞步，感覺到音樂如同一股能量進入我們的身體，從上而下全身串流，有種刺痛感和顫動。這股能量流經身體，感覺身體充滿能量，並且淨化、洗滌身體內的各個角落。慢慢地，我們看到陰影般的影像出現在沙灘上。當意識振頻越來越高時，我們開始聽到嗡嗡的聲音，陰影的影像開始發光且更加擴張。我們意識到，這些發亮的影像是一直安住在島上的光明。這個島嶼似乎正在提高我們的振頻，好讓我們可以輕易感覺到它們，而這似乎使周遭的一切更壯觀令人讚歎。

其中一個悄悄地來到我們身旁，像是一位友善的老紳士現身，開始只用意念和我們溝通，歡迎來到這個島上，我們聆聽著，就像是一種來自內心的交流。

他告訴我們，肉眼看不到的東西多到超乎你的想像，或許你只能看到在能量上準備好要看的東西，或許也只能感覺

到、聽到和想到⋯⋯你已準備好要感覺到、聽到和想到的這一切了嗎？

也許學習如何提高你的能量水平將有助於此。不然，你可能就像是一個住在美麗華廈豪宅的主人，整日在地下室昏暗的燈光下漫步，從來不曾找到登上豪宅壯麗景色和寶庫的樓梯。只要稍加練習，你或許可以學會如何提高你的能量，之後再加上更多的練習，你的能量水平就會越來越高。

提高能量的一個好方法是透過祈禱和冥想來培養內在的領受力，稍後你會學到更多關於這方面的內容。然而，你可能還要瞭解其他可以提高能量的重要因素，除非在你的能量水平支持下，不然你的冥想或祈禱也是徒勞無功。

一直以來，我們受到文化嚴重的物質主義傾向所束縛，也就是唯物論與自我獨立存在的概念。這種唯物主義扭曲和限制我們的悟性，因為它讓人看不見能量和意識的首要重要性，這些比物質更難以量化，而且隨時可能被忽略，或者被視為是物質的衍生物。例如，傳統科學觀念認為物質是首要的，而**能量，如來自太陽的熱與光，是從物質顯現出來的，而意識，如人類的大腦，也是從物體發展而來。**

在人類的文化中，尚待開發的領悟新天地似乎是以意識為首要，並且是提升與調節能量和物質狀態的推手。提高意識似乎是提高能量水平，以及改變負面看法和情緒的關鍵，可以為身體和世界帶來療癒和喜悅。最高的意識形式是愛，所有眾生、行星和太陽都可能是這種意識的表現，而對這份理解敞開是祈禱的一種形式。昨天你記起這個真理：海洋、風、浪、你和你的船都是從無限意識中反映出來的，於是這點改變了你的認知。透過這份理解的祈禱，你種下一顆種子，如今正是開花結果的時候，因為你安全抵達這裡和我們在一起了。在這個能量之島，你將會明白，所有的經歷都是在意識之中產生的，就像你睡覺時的夢境一樣，這可能是發展你的直覺的關鍵。

　　當你看到太陽的光，其實你看到的是意識，當你感覺到它的溫暖，其實你感覺到的是意識。當你看到、感覺到、聽到任何東西時，都是意識讓一切顯現。例如，察覺到智慧和意識為可見的光，這很可能是因為你的身心選擇以特定的方式接收和詮釋意識能量。讓你的感官器官不只是感受而已，還可以看到、聽到、感覺到、聞到、思考等。然而這一切發生在哪裡呢？都是在意識之內！

　　例如，或許你不需要肉眼就能看到，但也許「看到」實際上是意識所為，你能看到什麼取決於你的意識狀態。物質本身無法看到或聽到或想到，實際上看到、感覺到和想到的是意識。當你的能量水平低到無法看到我們時，對你而言，我們似乎是看不見的，然而，當你的能量高到可以感覺到我們的存在時，你會發現自己正在這個看似無人居住的海灘上興高采烈地跳舞。為了幫助你理解和看到我們，我們把我們的意識傳送給你，讓你變得更有活力。甚至感覺到能量上升，但似乎還需要我們的幫助，如果我們停止向你傳送我們的意識，你猜會如何？

　　他和其他發光的存在開始褪去然後消失。

　　為了讓你更清楚地瞭解，在你的允許下，我們將進行說明如何簡單地提高你的能量水平。 請舒適地坐在沙灘上。

　　我們聽話照做，很快地我們開始聽到之前他與其他存在出現在我們面前時的嗡嗡聲，雖然這個嗡嗡聲的音調較高，但我們感覺到身體正在擴張。這道光變得更大更耀眼，慢慢地在我們面前融合成絢麗的光彩。我們感覺到身體隨著嗡嗡聲音的音調變得更高而振動，然後在一陣深沉的轟鳴聲下，

令人振奮的擴張壓力變得幾乎難以忍受。突然間，我們衝破一個類似泡沫狀的物體，瞬間壓力獲得釋放，這道光變成耀眼的光芒，而我們聽到優美、令人振奮的音樂。我們是那道光體和音樂，以及包含這一切的空間，是意識和無限。此刻彩虹網和長絲般的光輝交融共舞然後消失，自由和喜悅不斷貫穿我們的身體，並且湧現出來。純粹的永恆是無限的，沒有界限，沒有中心或邊緣，沒有自我，有的只是開放和光。

　　突然間我們想知道我們現在看起來的樣子，當一有這個想法，光和音樂就消失了，我們意識到我們在夜晚昏暗的光線下坐在沙灘上，我們覺得歡欣鼓舞，但內在有種「空」的奇怪感覺，這種感覺就像一個充滿空間和光線的殼，而且好像我們身體裡面已經被液體的光洗淨。不久之後，這位光體紳士再次出現在我們面前微笑著。我們意識到，剛才發生真實到不行的驚心動魄體驗，現在卻有種如夢的感覺。再次，彷彿發自內在，聽到這些話：是的，雖然現在可能感覺像是一場夢，但你剛剛看到和感覺到的一切可能遠比你的肉體感覺到真實的一切都更加真實。

　　我們協助提高你的能量超過一般的自我意識水平，我們並沒有強加任何東西，而是與你結合，向你揭開你的無限。

當你的意識超越過去的限制時，你會感覺像要爆開一樣，當你學會提高能量後，你可以學著自己練習這個方法。你多年的努力和追求，引領你來到我們面前，這時在這裡相遇是隨之而來的機遇，未來還有更多等著你。在你的允許下，我們願意與你分享一些確實可行的方法，以提高和保持尋求智慧和洞見所需的能量水平。

提高能量一個有效的途徑就是有意識地在你與萬物的關係中，培養善良和尊重，甚至對看似無生命的物體。可以從往後的生活開始，並且精進修行。隨著你向每個人和各種情況，發出正面和愛的能量時，這不僅有助於提高自己和他人的能量，同時也是創造療癒和轉化的狀態。評斷和批評他人，即使不為人知，實際上也會因為意識上的連結，反而強化了你譴責別人的一切。**你對他人的負面看法會對他們造成傷害，而你的預期往往會應驗**，因為你的意識不僅在夜裡以夢境顯化，而且也會成為在白天時的體驗，**你的心靈感應能力可能遠大於你的認知**。隨著你的能量水平提高，散發出去的愛和感激的範圍，將自然發展成為一種源自於你的自由能量場，可以激勵他人並協助他們實現更高的潛力。

瞭解你身體中的心境很重要。感恩、慈悲的喜悅，以及

平和的寧靜感，這些代表你的能量很高，而且這些也是增強能量的內在狀態。沮喪、自責、譴責、焦慮、試圖打動他人、滿足自己的期望，這些都是能量低落的跡象，同時也會消耗能量。發現並且展現你的獨特性，不受家庭、社會制約、同儕壓力和童年創傷所支配，這樣有助於大幅提高你的意識和能量。

有許多做法可以協助提高和淨化你的能量。例如，早晨醒來時，若以感激之心作為一天的開始或許有所幫助。也可以練習感謝又多一天的寶貴機會，以及今天可以發現和培養更多智慧、豐盛、愛和創造性的許多可能性。你的本源是無限的，當你培養這些想法時，或許會察覺到內在的阻力，不過隨著能量的提升，這種感恩之心將更自然地流露。

你也可能會發現，在能量上直接下功夫也是有所助益的，經常練習冥想可以提高和平衡能量，如太極拳、氣功、瑜伽、靈氣或其他鍛練。正如你所知，我們所指的能量已經有很多名稱，例如氣（chi、ki）、普拉那（prana，梵語意指氣），奧剛能量（orgone energy、乙太能量）、生命力（élan vital）、內在之光（inner light）、高層力量（the Force）、聖靈（the Holy Spirit）、金丹（golden elixir），而修煉的途

徑則有許多種。

　　瑜珈、拉筋和太極拳可以讓身心更柔軟，以促使更多的能量流入身心能量的通道。氣功則是一種掌握和產生能量的方式。舞蹈、體操、有氧運動、重力訓練和武術都可以增強能量水平，特別是不以自我為中心的定期鍛練和練習冥想靜心，效果會更好。你要培養自己意識的表達，而不是以物質的形式，我們可以透過促進這些練習，並且最終可能取代它們。

　　大自然可能是提高能量的另一個盟友，對你而言是有意義和滋養的方式，每天花點時間接觸大自然。可以用一些方法加深你與自然界的寧靜和美麗的連結，離開機器和人類建設的世界一段時間。你可以學習觀察大自然中細微的差別，向天空的許多色彩致敬，尊重你遇到的各種動物，欣賞探訪森林、河流、山脈、海岸線和沙漠。自然而然，你會希望盡可能減少對自然界的負面影響，而且不會留下任何物質痕跡。隨著你在自然中變得更加自在時，自然會避免和預防打擾或傷害動物或生態系統的行為。

　　河流、溪流、湖泊和海洋中的水可以清洗和恢復你的能量場。每天浸泡在天然的水中，你的精神將會煥然一新。或

許你可以赤腳踩在大地、草原或沙灘上，感受地球的能量使你的身體恢復活力。

我們邀請你在森林、山脈和海洋美景中散步、跳舞、幻想、漫步。在陽光下、月光下、樹林下，以及微風、鳥類和野花帶來的喜訊下暢飲，你可能因此找到新的能量與淨化你的身心靈。花費幾天時間投入大自然，在沒有世俗的干擾，這會大大提升你的能量，而且會發現在這大自然中獨處的療癒效果特別好。

對古老地球、星星和季節的律動保持開放，可能會讓你與心中的願望同步，並且鞏固你的靈性本質。當你回到世俗世界時，會有更多的能量，同時更能理解與感受到現代文化的失調。當意識到文化早已遠離和諧完整的有機型態，而迷失在城市、工廠和機械化的農場，世界充斥著過敏性和精製品。但這或許令人心痛，當你以學習者、客人和友善朋友之心來對大自然敞開時，會發現你找回了力量、新生和精神上的滋養。

你的姿勢和呼吸也是提高能量的關鍵。無論走路、坐著還是站立，都可以有意識地留意自己的姿勢，保持脊椎挺直、放鬆與平衡，並且將頭部輕輕托在肩膀上方，不要向前突出

壓迫頸部。保持深呼吸，讓空氣填滿肺部的最底部，只用鼻子呼吸，吸收空氣中的能量。

　　當我們挺直身體時，會發現下腹會自然鬆弛，這時呼吸會變得深沉和放鬆，而我們的身體因能量注入充滿活力，之後，重心自然從大多數人所在的頭頸部位，轉移到肚臍下方的位置，也就是在一些能量系統中所提及的丹田。練習這種呼吸法，會讓自己的直覺變得更強與中立，並且跳脫大腦思維，更有意識地進入心和太陽神經叢與腹部。請你以腹部作為你的中心，練習深入和平穩的呼吸。透過練習，你可能會發現做每件事情都精力充沛，而當你每天的能量川流不息時，自然會成為一位舞者和詩人。

　　也請你花點時間伸展和深呼吸，經常面帶微笑，並且用隨意和欣賞的眼光留意周圍的細節。在早上做幾次淨化呼吸對身體有益：只要透過強力收縮你的橫隔膜和腹肌來呼出肺部的空氣，以徹底清除肺部渾濁的氣體，並且深深吸一口氣，重複數次。

　　現在站著一兩分鐘，想像自己是一棵樹，感覺自己的能量充沛並感覺到更紮實。每一次吸氣，感覺和觀想豐富、滋

養的地球能量，從樹根部流經你的腳底，填滿整個樹幹和整顆樹。有了復甦的能量，再一次呼氣，將根伸展至地球的更深處，並且在下一次吸氣時，吸入更多的能量到軀幹，進入你的每一個細胞。讓這股能量在體內建立，並且重覆幾次這個練習時（或者以你想要的時間長短），感受你的根深深紮入地球且變得越來越強壯。

接下來，舉高你的手臂，想像它們是樹的分支向天空伸展，隨著每一次呼氣，想像你的四肢到達更高的雲霄，從指尖伸展出更多樹枝和樹葉。每一次吸氣時，想像並感受到宇宙的能量透過你的葉子和樹枝進入，並且充滿你的整個存在。這股能量讓你可以在下一次呼氣時將你的樹枝送到更高的天空，並且讓更多來自宇宙的能量透過葉子和樹枝流入你。保持呼吸，讓能量在你的體內建立，感受自己與天空和一切存在連結起來。你可以對太陽和月亮、星星和星系、雲、風、鳥和雨的能量敞開，進入成為一顆樹的喜悅，連接天地，可以感覺到自己在天地紮根，並且同時享有天和地。

最後，放下你的手臂，繼續感受與地球和天空的連結，你的姿勢會自然挺立，呼吸會以輕鬆的方式深入到你的腹部底層。當你在走路時，請留意腹部的中心位置，並從那裡移

動，這裡是連結天地、精神與物質的天橋。概念是放鬆、微笑、觀察、聆聽、開放，在大自然中安靜散步已成為一件樂事，每個感官都可以感受到來自自然界中的壯麗奇蹟。

還有許多其他提升能量的方法，不管當下能量為何，用舞蹈表達可以療癒和振奮精神，只要對大自然的能量場敞開，或許在樹下或靠近水邊；一位伴侶的雙手或只是陪伴就可以讓你「沉浸」在能量之中；擁抱大樹，透過你的雙手連結它們的能量場，是打造、交換和淨化能量的古老方法；自古以來，幾乎所有文化都已經發現和有助於增加能量的技巧、正念、觀想、心境和態度等作法，有些是公開，有些是祕密。所有這些方式都是人類遺產的一部分，根據你的興趣和內在潛力，會被引導並且學習特定的作法。

你吃的食物可以提高或消耗你的能量，暴飲暴食、匆匆忙忙和心情煩躁時，吃飯會為身體帶來壓力與消耗能量。如果食物是用心和用愛準備，在和諧輕鬆的環境下吃飯，心存感恩和覺知，以及細嚼慢嚥，可以將碳水化合物轉換為葡萄糖，這樣就能獲得最多的能量。

食物本身的加工愈少愈好，精製和油膩食物幾乎沒有營

養，實際上還會消耗能量，所以最好避免和限制在白米、白糖、白麵粉、氫化或分餾油脂、化學品或防腐劑製品上的攝取量。有機生長的全穀物、豆類和新鮮的蔬果，以及盡可能當地種植的食物是最好的。生鮮或適當烹調的食物可以提供豐富的維生素、蛋白質和易於獲得的能量，並且在吸收後可以淨化身體。

眾所皆知，毫無生氣的食物，包括牛肉、雞肉、豬肉、魚類和貝類等所有肉類食物，以及任何含有雞蛋、乳製品或蜂蜜等食物會使身體和心靈受到殺戮、竊取、操縱和虐待的振頻影響，無可避免地會降低和干擾能量。碳酸飲料和氯化與氟化水，以及紅茶、咖啡、含酒精飲料、煙草製品、商業和非商業藥物，最終也會消耗能量，最好儘量避免。

除了健康和生鮮的飲食習慣外，健康的排便習慣對打造能量非常重要。遵循上述的食物指南將自動提供充足的纖維，還可以淨化血液，減少肝臟、腎臟和腸道的壓力，並且產生有益身心健康的鹼性物質，而不是酸性毒素。腐爛的糞便會釋放毒素，所以定期排便很重要，至少每天一次，多次則更好。最理想的作法是每天早上訓練身體上廁所。如果排

便緩慢，以順時針方向輕輕按摩腹部或許有所助益，先決條件是以蹲著而不是坐著的自然姿勢排便，如果你是坐在馬桶上排便，這時將腳放在腳凳上也是一種方法。經過練習，很快地你也可以養成早晨排便的習慣，這是打造一天能量的開始。

打造能量的另一個重要的因素是生活在美麗、創造美麗和留意美麗的環境中，盡可能接近大自然。長期的機器噪音往往會擾亂和消耗生命能量，就像身處在大多數的現代化建築。能量之所以消耗有很多原因：可無限重覆使用的非天然製品、由電力和發射器產生的電磁場滲透到建築物和社區、人為和狹隘的生活空間、以及極大多數人類造成的結果，使用有毒的物質，造成室內空氣污染；水龍頭、浴缸和游泳池內含氯不含生物的水；空氣污染、空調、暖氣和其他離子消耗因素造成的空氣品質不佳；刺耳的噪音和人工氣味瀰漫在這些環境；環境中的非自然光源，以及少了未經濾光的陽光和光害嚴重；而且這些環境往往陳舊過時和毫無美感而言。

大自然與野生動物沉靜和微妙的聲音是你的精神糧食，是一個可以不斷發現、保護和享受的珍貴資源。當你容許眼

睛和所有的感官體驗大自然的多樣性和美麗,能量肯定會提升。源自敬畏生命、喜悅和愛,以及與大自然交融的藝術和音樂,都具有療癒和提振能量的作用,可以散發正面的能量和美進入人為的環境。直接來自地球元素所產生的原音樂(未經電子處理)通常比電子音樂具有更多的能量。充滿生氣的生活空間、花園、有機形態、充足的光線和新鮮的空氣和水,這些和諧、寧靜、富有創造力和振奮人心的一切,往往可以增加有幸居住其中那些人的能量。

關係也可能增加或消耗你的能量,人們常犯的一個錯誤是試圖支配別人來獲取能量,方式有很多種,它們都是由非靜心意識所造成的。如果沒有冥想發展內在的寧靜,這需要相對較高的能量水平和直覺理解,基本上你和他人是一體沒有分別的,不然,你很難免於陷入操控他人而耗盡能量的困境。人們浪費寶貴能量的一種常見方式是扮演受害者的角色,做那個長期生病、容易發生事故、困惑或只是勉強配合的人。透過這種放棄自己的能量來操控別人,這些人可能在不自覺中吸引他人的注意力和能量。

另一個消耗能量的角色是盛氣凌人、侵略性、危險或辱

罵他人，並且利用恐懼操弄別人，從而竊取別人的能量和注意力。另一種風格則是試圖讓所有人滿意，永遠給別人留下好印象，從而支配他們以獲取能量。這與放棄自己的夢想，為了取悅別人或符合他人的期望習慣模式有關。另一個能量操控的角色是在情感方面疏離，所以其他人必須前來乞求，希望你有空，這種也是吸引能量和注意力的一種方式。

諷刺的是，所有這些利用他人的能量來餵養自己能量的無意識自我策略，結果只會造成自己的能量流失，同時也會導致他人的能量耗盡，如果他們是處在同一個水平共振的位置。這種情況會讓人上癮，在各種關係中造成惡性循環，因為人們時常會無意識地採取不同的能量操控手段，以爭取有限可得到的關注、不斷渴望更多認同，但其實永遠都不會滿足，而這種落空反而造成衝突和進一步的競爭。

透過我們教導的冥想和增強自己的能量，可以擺脫這些耗盡能量的模式與無意識的癮頭。當你發展與自己的本源連結得越多，你就不太會試圖想從其他人身上獲得能量、關注、認同和愛，因為它的爪子放開了你，而且開始練習和宇宙的能量和諧相處，允許它更自由地在你的生活中流動時，這種操控的遊戲將自動失去吸引力。這麼做時，你可以將能量用

愛、服務和支持的方式傳遞給他人，而不會耗盡自己的能量，反而還會因此而感到精神百倍。

超越這些破壞關係策略的主要鍛練，除了練習冥想和增強能量之外，就是與人為善，在生活中以善為出發點。**因果關係是所有關係的根本。將心比心，這指的是人類、動物、生態共同體和未來下一代。**隨著你的關愛範圍增長，能量場將會擴大。思想、言語和行為、侮辱他人或操控他人、貶低他人的本質和尊嚴，這些必定會降低你的能量。

其中有五個主要的精神生活戒律或指導方針有助於實現這個目標，而且它們具有內在和外在的目的。它們的外在目的是帶來更多的和諧與祥和的關係，從而為世界帶來更多的和諧與和平。它們的內在目的是協助你以不消耗能量的方法行事，並且支持靈性道路和直覺的發展。

透過勤奮鍛練這些原則，可以讓自己從上癮和沮喪的關係中解脫，變得更有意識，療癒你的傷口，並且喚醒你的直覺潛力。誠信和慈悲心是直覺生活中重要的釋放力量，而這五大戒律可以激發這些力量。

最後，隨著不斷的意識提高和能量增加，這些原則更

容易達成，因為它們對於靈性上成熟的人是出於本性，但是一開始要用心練習，因為生活的文化價值觀也加諸在你的身上，而且許多這些文化價值與這些原則有極大的抵觸。這五大戒律分別為：

1. 不殺生，珍惜所有的生命。

這是不殺生或不傷生的戒律，是其他戒律的基礎概念，也就是避免以身體、言語或思想等任何行為殺害或傷害其他人和有生命的生物，強調要培養珍惜和保護生命的態度，當你進入更深層次的冥想時，你和他人之間的隔閡將開始消散，自然而然不再那麼以自我為中心。同時間，遵循這個戒律是一個重要的磨練，可以培養你的心智，並且提高能量水平。

任何攻擊或忽視他人的行為都會削弱能量，當你內化這個戒律，你的周圍會產生一個慈悲和有力量的場域，你的言語和行為對他人深具影響力，而這會與實際日常生活逐漸達成一致。

這個戒律外在的含意還包括避免從事或投資對人類、動物或生態系統造成傷害的事業、避免動物性食品或服裝和動

物測試的產品，因為這些產品會導致動物死亡和受傷，並且在生活中不要攻擊、批評、傷害或指責他人。

　　內在的含義是珍惜萬物本質散發出來的靈性種子、看到別人的最大潛力，以及培養內在珍貴萌生的悟性，為所有生命的和平與自由而努力。這個戒律更深層的含意則是珍惜和意識當下這一刻，以及這一刻的美麗和力量，而不是透過沉迷有害或以自我為中心的想法來虛度光陰。

2. 不做不與取之事，尊重他人的東西。

　　不用說，這是源自第一條戒律，這裡的外在含意為避免拿取別人的財物、生命、時間或能量，如果這些不是出於自由意志給予你的。這個戒律強調尊重他人的態度，特別是不要小看自己心中對別人負面的行為、語言和想法的有害影響。

　　內在的含意是避免取巧試圖竊取他人的能量，透過前面討論的所有方法來操控別人以獲得關注或認同。更深層的內在含意則是每一刻都是圓滿豐盛的，只要可以提高你和社群的意識，樂意慷慨大方地給出你的能量、關注和資源。

3. 不從事不正當性行為，而是鍛練純淨的心靈和自我克制。

　　打破這個戒律或任何戒律，都會為自己和他人帶來痛苦。這些戒律所限制的任何行為，對任何宇宙定律而言並非是邪惡的，它們只是不成熟，總是會加深痛苦、消耗你的能量、使精神領域萎縮，更陷入這種分離的誤解，以及源自這種誤解的貪婪、憤怒、恐懼和悲傷的深淵。

　　這個原則再一次所指的是以任何身體，言語或心靈的行為，將對方視為滿足自我私欲的物體，這一定會貶低對方和自己。濫用性或性虐待他人，由於這是非常私密，因此更是一種侵犯他人和消耗自己能量的行為。

　　在內在的層面上，這個戒律強調心靈的純淨，視眾生為生命的表達，具有其內在的價值，應被善待與尊重，貶低或傷害他人或只是為了短暫的快樂利用他人或自己的身體，這都是一種對尊嚴和神聖生命的踐踏。這個戒律的深層內涵是努力理解以他人自由為樂和互即互入（interbeing）的真理，並且敞開付出，不緊抓也不為一已私利。

4. 不撒謊，誠實以對。

　　這個戒律強而有力且廣泛，其中包括避免不只是說謊或

是誇張的言論，而是避免任何欺騙的行為、言語或思想、虛偽、詐欺，以及為了利益不擇手段。基於第一個戒律，故意傷害他人而實話實說則是一種侵害，會耗盡你的能量。這個戒律的內在精神是培養直率和謙卑的態度。它源自於無畏，同時助長無畏，而且會隨著靜心更深入與更圓融，超越現代文化習以為常的操控，成為一種自發性。

這種戒律的深層內在含意是表裡如一，不把別人和自己視為只是物體，而是誠實以對，喚醒所有生命皆與意識表達有關的本質。

5. 不要使用或誘導他人使用會造成頭腦混亂或衰弱的酒精或藥物，而是要保持清醒。

這個戒律讓你記起個人心靈有多麼重要，在靈性成長的道路上，你的心靈是你的最佳盟友，這個珍貴的心靈可以讓身體超越幻想和痛苦，並且獲得真知灼見。你的心靈有很大的潛力，可以創造地獄和天堂。因此，保護和淨化心靈，以及保持清晰與穩定專注力是必要的。

所有類型的酒精和毒品往往是有害的；它們是改變身心的外來因子，通常會讓你偏離道路。除了避免使用較明顯有

毒的藥物，如酒精、煙草、古柯鹼、海洛因、改變心智和「改善情緒」的藥物鎮靜劑與興奮劑，另外最好也避免其他「靈性」和「薩滿」之類的藥物，例如大麻、烏羽玉（peyote，仙人掌的一種）、迷幻磨菇（psilocybin）、迷幻藥（LSD）等。

　　雖然你可能會認為精神狀態和洞察力經由這物質而改變的體驗，對你是有幫助的，但是它們似乎未必可以讓你達到心靈的成熟度。如果你尚未透過冥想和促使內在心境和洞見發展這正確行動時，那麼它們最終價值是令人懷疑的。這些植物和化學物質讓你走後門溜進展覽會，但由於你沒有支付自律和發展內在的這張門票，可能無法準確理解或完全接受呈現在你眼前的內容。也許會害怕、激動、高興或接受宇宙帶來的啟示，但是由於缺乏內在的成熟度，因此會受到某種程度的誤導，情況往往是如此。你的自我會將這些經歷加到故事中，以增加特殊性，這樣一來，你的故事尾巴可能會讓你卡在領悟之島的大門。對直覺生活來說，藥物真正的貢獻通常是少之又少。

　　第五條這個戒律的內在含意是指試圖走捷徑可能會導致更多的麻煩如：成癮。這種物質可以讓你逃離當前生活體驗的東西，對於現代文化中的許多人來說，電視、社交媒

體和主流媒體都是破壞性的因子，它們暗中進入你的心智干擾你，讓你分心。同時也是共同聲音主要的發洩出口，而它們的根本價值觀基本上與所有的戒律背道而馳，且不斷加深你的誤解。許多文化娛樂和觀賞運動也算是分散注意力的藥物，會耗盡你所有的精力，而某些關係也是如此。如果用心觀察，你的許多強制性習慣可能也是讓你分心的藥物。

仔細觀察自己，會發現有用的真理，透過這項艱鉅的任務，會使直覺增長，並且逐漸開花結果。這個戒律的深層內在意義是避免沉迷於酒精的幻覺：不再隨波逐流，努力喚醒你的整體性，你是永恆的美麗、光和愛，是自由、快樂與慈悲！

投資時間和注意力，在日常生活中實現這五大戒律有助於淨化心靈。啟示、力量和洞見或許會在最恰當的時機開始成熟。種瓜得瓜，種豆得豆，除此之外別無所獲，我們永遠跳脫不了這個宇宙的定律。前五大戒律是指南，與這個定律相互呼應，可以協助你培養心中的花園。而這個花園可以帶來美麗和營養，無論種植什麼種子都可以豐收。

當我們違反這五大戒律的精神時，我們的結果就是苦難。助長傷害或憤怒，不僅對他人造成傷害，也會為自己帶

來衝突、痛苦和仇恨。助長貪婪和嫉妒則會導致偷竊與匱乏、局限和對自己不滿。助長性渴望與視他人為物，會為別人和自己帶來恐懼、空虛，以及虐待他人與自己。助長欺騙和操控就是撒下不信任和恐懼的種子，結果為我們帶來不安、仇恨和痛苦。助長尋求捷徑或不勞而獲以求得解脫的心智，反而進一步造成他人的痛苦，並且似乎讓我們陷入更牢不可破的妄想。

透過鍛練戒律中的誠信、善良、完善、靈敏和健康的自我約束，種下智慧與內心和平的種子，或許到達彼岸唯一的捷徑就是避免抄近路。

當你靜下心時，會發現這些戒律根本就是從你的真實本性而來，內在本質對傷害反感，更不用說操控他人，無傷害就是第一個戒律的本質，而所有其他戒律是它的延伸。當你繼續精進，或許更能意識到故意或指使別人傷害他人或動物，必然會干擾與消耗你的能量，並且阻礙自己進化，以及與他人的關係。

假設，我們持續提到的能量是你的心靈能量，沒有培養慈悲心和冥想，或許依舊能擁有明顯豐富的身體、心智或情

緒能量，但是，如果缺乏相應的心靈能量，可能會被誤導或濫用，並且難以持久。這種心靈能量可以大幅集中與提高其他類型的能量，甚至令人感到不可思議。事實上，光靠這些其他的能量而少了心靈能量，充其量都只能算是苟延殘喘的活著。

當你繼續努力建立誠信、心靈能量和覺知能力時，你會發現你的關係獲得改善，並且變得更有意義。透過這種鍛練，不管你是害怕獨處或害怕與人相處，這時你都會感到更自在。透過培養心靈力量，你可能會吸引具有相同價值觀和信仰的人，你們將會毫不費力地產生共鳴，透過釋放他人，同時間也釋放自己。遵循戒律修煉自己，將對自己與他人更誠實與開放，直覺將自然開啟，並且透過無傷害精神與致力心靈能量的發展，平和與喜悅也隨之而來，此外，建立一個更覺知的社會。

在追求增強心靈能量的過程中，這為我們帶來另一個重要的關鍵，那就是創造力。許多人發現**創造力和靈性是與直覺一起展開的**，這三者全都是通往療癒的入口。培養任何一個就是培養其他兩個，例如，當你發展直覺時，你可能會發現你的創造力和靈性得到滋養。培養創造力也可以培養直覺

和靈性，當你有富有創意時，你往往是自發的，沒有陳舊的習慣、恐懼、先入為主和評斷，並且允許身心成為充滿生氣和真實能量的載體。透過練習創造力，你的潛力和心靈能量會像你內在的源頭一樣蓬勃發展。

心靈探索有許多創造性的途徑。音樂創作，透過節奏、旋律與和聲，運用樂器與聲音來表達，以及運用你的身體，透過舞蹈、活動和許多形式的運動同步與配合。藝術創意的領域同樣也是琳瑯滿目，運用色彩、空間、線條、形式和相互之間的關係，運用節奏與和諧，透過繪畫、雕塑、工藝品和攝影，以及設計生活空間、服裝、珠寶、環境、餐飲和無數的發明與創新等。此外還有交流舞台、教學、寫作、諮詢、詩歌、講故事、戲劇、電影和社區慶典等。

生活本身就是一種持續無限揮灑的創意能量，而你不正是這種無限創造力的表達嗎？我們的細胞因創造而歡欣鼓舞。

創造力有兩種元素，一種是練習技術以達到爐火純青的境界；另一種是放開心靈，跳脫技術層面，以更高和更能發揮潛力，啟發人心的方式創作。無論在任何時刻你的創作方法為何，透過實際參與和練習，可以建立信心和心靈能量與

表達能力。甚至增加能量，本身就是創造的一種方法。

這是在每日生活中以行動練習冥想，讓每一刻精神抖擻，放下長久以來熟悉的思維和行為模式，讓生活充滿自發性，嘗試各種不同的想法和方法，開開玩笑，冒險，試著以新的方式表達自己或與世界連結，以及擴展自己的無限潛力。

這是鼓勵你讓生活習慣更有彈性，容許自己變得更加靈活。例如試著多用平時很少使用的非慣用手來開門、吃東西、提東西與寫字。使用兩手交替打乒乓球、網球和其他活動。你可能會發現，工作和出門辦事情走替代路線有助於此，並且隨時隨地留意周遭的美麗，無論身在何處。你可以學習和練習其他語言，旅行和探索其他文化，並且嘗試新的活動、運動和手工藝。這些都可以滋養直覺，同時也是培養我們跳脫常規與習慣性觀點的能力。

當你走在街上，能看穿別人的眼睛，看到他們所看到的世界嗎？或是另一個民族、階級、性別、種族的人，甚至是另一種物種嗎？你的擴展能力有多廣？你能夠進入老太太、年輕強者、銀行家、流浪狗或貓、野生黑鳥的世界，並且與他們產生共鳴嗎？當你完全敞開自己，並質疑社會的狹隘假

設時，你的慈悲心和對別人的尊重會增長，你對他們的理解會更深入，你的能量場會更擴大，直覺更是源源不絕。

練習先從一小步開始，很快便可以做出更遠更大的跳躍，而當你準備好，就可以高飛了。

隨著你的能量增加，跳躍能力也會增加，幽默感提高了。人生格局變得更大，感覺心更加寬廣，並且在以前從未發現的地方發現了幽默、嘲弄、喜悅和意義。矛盾的是，你可能會覺得自己更悲傷，而且更容易意識到痛苦和苦難，因為你的敏銳度和慈悲心增長。

你的根紮得有多深，枝葉就可以伸展得多高。

這條覺醒之路可能不適合怯懦的心靈！看起來似乎虛偽但你的「自我中心」可能需要犧牲在慈悲心和冒險的祭壇上。

隨著你前往彼岸，旅程中還有更多的島嶼在等著你，他們將針對你尚未準備好的部分以各種方式擴大這些主題。一旦你的能量增加，就能夠理解和實踐他們的信息。現在，我們要離開你了，但請記住：「繼續你的旅程時，我們與你同在。」

我們留下這影像給你，好讓你的音樂繆斯沉思一下：一

架美麗的大鋼琴在一個充滿數百位熱切期待的耳朵的巨大舞台上，音樂家坐下彈奏起音樂，但只彈了一個音符。一個又一個，都是同樣的音符，降 B 音符，鍵盤上八十八個琴鍵的一個音符。就這個單獨一個音，這個音符究竟有什麼力量，這個音符可以喚起什麼感覺、意義和啟示。觀眾的注意力分散了，因為音樂家一遍又一遍地彈奏著相同微不足到的降 B 音符。當人們正在看著出口的大門，這時他們偉大的救星來了，另一位音樂家出現，並在取代了第一位鋼琴家。

這位音樂家以同樣了無新意的降 B 音符開始，但是他的手指飛揚，在鍵盤上下移動，好像巨大的音樂浪潮從他的內在透過鋼琴傾瀉出來，並且彌漫整個房間。這個降 B 音符，是在眾多音符中的一個，但不管她擁有什麼力量都充滿威力。

在某些段落中，當她獨特的聲音被聽到後，她帶著辛酸，之後再一次，流露悲傷，然後再一次，揚升的喜悅！她的能量和力量現在已完全顯現，它們來自兩個重點：她忠於自己，而且她也忠於這部分。當她只靠自己時，力量十分渺小，但當她與另一個音符同在時，潛力是無限的。當她真實地表達她內在的降 B 音符，而其他的音符也同樣如此時，整個鍵盤

完全回應音樂家的彈奏，每個音符都有助於每個其他音符的力量和豐富性，它們共同創造一個美麗的創作與潛力無限的感覺。

我們感謝你努力發現自己的音符，你的獨特聲音，並且致力於此，瞭解所有能量的來源、音樂核心以及音符之間的關係。願你的舞蹈能夠創造一個祝福所有人的自由天地。

當我們凝視面前這位閃閃發亮，眼神充滿光輝和慈愛的老先生時，我們感覺到能量顫動，衝過我們的胳膊、腿、頭和軀幹，洗掉內部老舊的堵塞物和障礙物。他用手輕輕觸碰我們的額頭，頓時周圍的光變得更加明亮。他透過心和臉上的微笑將愛傳送給我們，隨著時間慢慢地他開始從我們身上消失，逐漸地，我們發現自己坐在黑色的沙灘上，在一個溫暖如天鵝絨般的夜晚，滿天的星星。我們聽到音樂，從一個哀怨的降 B 音符開始。當音樂逐漸減弱時，它的訊息仍在我們心中久久無法忘懷。隨著音樂結束，我們陷入了深沉且寧靜的睡眠。

（若要聆聽能量之島的音樂，請聽《光之島》專輯中第三首《降 B 大調之歌》。）

Chapter 3

The Island of Meditation

冥想之島

破曉時分的溫暖與明亮，我們滿懷感恩地靜坐著。在溪流附近涼爽的水域游泳後，伸展和呼吸，讓內在的能量擴張和流動，練習在這裡學到的技巧和姿勢。隨著能量的提升，我們感覺到四周變得更美麗，空氣在周圍微微發光。

在這個充滿活力的島上逗留了幾個星期，努力深化我們的鍛練，並深思在這裡學到的教誨。最後，我們感覺到繼續踏上旅程的渴望，我們告別了能量之島和我們的新朋友，感受到他們愛的來臨，心中默默感謝他們，微笑著心想，雖然是無形的，但他們現在可能正看著我們。希望在接下來的遠航中，他們也會守護著我們。

在離開島上向前航行後，我們感到輕鬆自在，突然間精神煥發、神清氣爽。看著面前的波浪，我們意識到海洋是多麼有生命力啊！雖然這個意識包括欣賞在海洋中和周圍各式各樣的魚、鳥、哺乳動物和其他種類繁多的生物，除此之外，我們也感受到海洋生命的存在，以及透過它所產生的生命能量波動。

這似乎已超乎想像，能瞥見海洋是一個超乎生命的壯觀表現，這種生命存在的無限瞬間征服了我們，因為感受到這遠遠超出概念中的生命範圍，它竟是如此的宏偉壯麗。

　　我們意識到，就如同是那些人，誤把沙灘上的足跡看成是留下軌跡的人，執著於軌跡，並跟著它前進，進行分類和分析，認為自己是所有類型足跡和軌跡的專家，而相信這些足跡本身就是真實的。直到有一天，我們看到了留下足跡的人，心想為什麼之前我們從來沒想過要找這些人呢？

　　我們意識到，眾生就像生命的足跡，遠比外表呈現出來的更偉大，根本不是物體這麼簡單而已。究竟是什麼留下所有的足跡？留下所有的投影呢？透過以某種方式，看到足跡的來龍去脈，我們或許可以直覺感應到留下足跡的存在，一個莫名的召喚，就在遙遙無盡大海的那一邊。

　　最後，我們從沉思中浮現一個念頭：下一個島要往哪個方向？我們現在到底在哪裡？我們腳下是無盡的海洋，我們感到渺小和脆弱。帶著這種迷失方向不安的感覺，我們意識到我們不知道身處何方，以及該往哪個方向前進。彼岸似乎遙不可及，我們不知道下一個島嶼在哪個方向等著我們。

　　聆聽我們的內在，我們感受到熟悉愛的來臨，來自能量之島老紳士的光。我們感覺到內心浮現一個信息，正引導我們進入一個更高層面的振動，可以不再依靠太陽和星星，

或者船上的指南針和其他儀器的指引。從現在起，我們穿越海洋的指引必須完全發自內心，感覺到海洋本身就是我們的指引。雖然這看起來很荒謬，但我們意識到別無選擇，只要一瞥太陽的方位與船上的指南針，這一切將停止運作。所以我們抱著滿滿的信心轉動船輪，將注意力放在與大海的連結上，並且全心全意地承諾要到達彼岸。但什麼都沒有出現。船身慢慢地轉動著，我們繼續旋轉船輪，專心聆聽內在的祈求指引，但仍然什麼都沒有浮現。

想起第一個島嶼的教誨，讓禱告成為一種溫和與持續的領受，感受來自永恆的存在，我們盡全力讓自己專注在這個存在，放下紛擾和懷疑。我們盡最大的努力專注於這種存在，放開分心和疑慮。我們明白，這個慈悲的來源也是我們直覺的源頭。我們練習接受和肯定這一點，放下思維，並且感謝我們的生命和這個珍貴的旅程。

「漂流著…容許…放下思維…信任……」

突然間，我們察覺到內在一個輕輕的卡嗒聲，沒錯，這種感覺像是正確的方向，我們對準目標，持續朝著這個新方向前行，如果我們保持警覺，敞開我們與使命和本源的連結，並且發現我們可以繼續保持信心和放鬆自在。我們就知道，

但不知道為何我們知道，而且也知道我們最好不要去想這個問題。

　　在這個人跡罕至的水域，我們慣用的心智幾乎沒什麼好執著的，而就在放下它時，我們看到更高的直覺覺知出現。似乎我們前往彼岸的旅程，就像生命本身一樣，是一種禪宗隱喻。

　　它是一種探索和問題，制約理性的頭腦本身永遠無法提供有效的指引，因為它的理解僅限於分離和比較的嘈雜運作，而直覺心靈則是透過靜心、聆聽和連結來理解。這種更高理解層次的直覺雖然無法經由理性追求，實際上，它是透過直覺追求的。這就是禪宗大師教授和試煉他們學生的方法，是促進溝通的方法，也許是促進未來科學演變至一個更有效和更全面的方法。

　　當我們繼續前行，讓直覺引導我們朝向「彼岸」時，我們感覺到是因為我們對大方向更開放與更敏銳這點在引導我們的船輪。在經過幾個小時前往無邊際的地平線航行時，突然聽到飛濺的水聲音，看到在我們面前有三隻海豚正在游泳，過了一會兒，我們感覺到它們正在帶領我們。它們偶爾

會消失，但總是會返回，航行變得輕鬆，它們似乎正引導我們穿過浪潮。當夜幕低垂時，我們以為再也看不見它們，於是我們停了下來，但是到了第二天早上，海豚在我們的船頭跳來跳去，彷彿迫不及待要再次出發。我們跟著它們後面航行幾天，有時懷疑它們是否真的知道下一個失落的島嶼在哪裡，但當我們往內聆聽時，總是得到一個應允，要繼續信任與跟隨它們穿越一望無際的波浪。

終於，在一天早晨，就在海面下和上方之間，左舷方遠處的地平線上，我們看到一個不規則、誘人的斷層面，心中頓時充滿喜悅，我們雀躍不已。陸地！我們頻頻點頭，不知為何一直微笑，好像在說再見，這時海豚潛入水中，我們真正再也看不到它們了。帶著感恩之心，我們由衷感謝它們的指引。

海風很強，我們加速前進，到了中午，我們正接近一個迷霧綿綿的島嶼。不久之後，我們就在涼爽潮濕的空氣中漫步在海岸上。這個地方彌漫著深沉的寧靜感，與其爬上我們頭頂的綠色山丘，我們覺得在這裡靜靜地等待才是最妥當的。一棵美麗的高大棕櫚樹似乎在向我們招手，我們走了過

去，舒適地坐在午後閃閃發亮的淺綠色沙灘上。我們提高能量，將我們的注意力放回內在，大約過了二十分鐘，聽到一個溫暖和歡迎的聲音，好像發自內在問候著我們。

你找到了冥想之島，做得好！要到達這麼遠是很難得的，不過每個人都會來到這裡，早晚而已。既然你來到這裡，你將有機會瞭解更多關於冥想的藝術，並且你會發現，雖然它看起來好像是你在做什麼、在學習、在鍛練，但它不是一般認知的「活動」，更不是你用平常慣用的方法就可以掌握的。

在這個島上，你會發現，關於最偉大的奧秘「你的心靈」，以及最偉大的本源「你的真實本質的可能性是無限的」。你會想要盡己所能和投入所有的能量在這個鍛練上，事實上，你已經走到這麼遠就證明了你內心深深的渴望。你追隨、信託這樣的渴望是一件好事，就讓它推動著你繼續探索。

如果沒有透過冥想達到更深層和更高層次的意識體驗，靈性生活就只不過像是一種間接獲得的經驗，就好像是透過菜單和食譜欣賞美食，而不是實際進食、品嘗、吞咽、消化，並且與食物結合，直接讓它提升我們的活力。既然已經接受前兩個島嶼的教誨，你可能已經準備好開始練習冥想，這是專注力的訓練，通過鍛練，你可以學會將更多注意力集中在

當下這一刻。

　　當你的能量和意識很強與一致時，你可能會進入三摩地（samadhi），也就是禪定，你的意念完全集中在一個意識和光。在三摩地，你可以直接意識到真我的純淨，你不是你的身體、你的看法、你的感受、你的想法，甚至不是你認為的這個自我意識的人。你會從制約的意識監牢中走出來，直接看到反映出你的真實本質的無限和喜悅。在三摩地，你可以超越時間與超越造成長久以來畏縮、恐懼、內疚和痛苦的幻象。你可能意識到你與所謂的海洋結合成為一體，並且可以穿透一切。這是一種純粹形式的直覺，沒有分離的妄想，你可能會發現心本來就是內在的光源。

　　你也許明白，這種意識是留給那些堅持不懈、努力淨化他們意圖的人。畢竟心智是狡猾的，以自己為世界中心的自我，感覺到冥想的見證會揭露它的不真實，而它的第一道防衛防線，在某種意義上而言，為了保持其權威性且不容置疑，作法就是讓人心煩意亂，也就是讓你漫不經心、焦慮地徘徊在過去和未來，並且不斷強化其確實分離與正確的意識。它使出渾身解數干擾你，就是要避免你進入寧靜的三摩地，它使用的手法不外是困倦、挫折、刺激、沉悶、胡思亂想和自負。

　　要有耐心和毅力，當你心中渴望之火燃起時，你的能量和意圖可能是最強大的，記住你與無限本源是連結的。這可看作是你的真實本質在呼喚你，鼓勵你堅持專注在這一點上，在此，你可能有一個空前的機會發展你的心靈。

　　由於懷抱著幾世代的熱切渴望，這個島嶼似乎充滿了力量。這裡有一個領域，比起上一個島嶼，可以讓你的冥想進步得更快，因為所有衝突的能量都在那裡。你的努力和渴望將你帶來這裡，這就是它的方式，當內在之門打開時，不管是好還是壞，外在之門就會敞開，好讓你進入內在之門。這座島嶼就是入口，你最好保持專注在你之前學習的真理，沉迷於責備、恐懼、沮喪或憤怒等，都不是一個好主意。透過冥想練習，你將進入更高層力量的領域，任何你的負面意念都將承擔更嚴重的後果。

　　最受用無窮的教誨往往來自內心，當心靈澄清且恪守意識時。為了協助你體驗這些教誨，並喚醒你的直覺力，你可能要進入一種閉關的冥想，如果明天早上適合的話。你會在海灘上找到一個冥想小屋，離這裡不會太遠，那裡舒適且安靜，我們準備在上午四點開始，到時你想進行冥想多久就多久。

到了第二天早上，教誨開始了。我們留意到能量開始上升，儘管是清晨，我們感覺到精力充沛。經過一些能量提升的練習，我們坐下來靜待指示。

　　再一次的，聲音從我們內在響起，第一個我們要教你的冥想練習稱為四無量心（Four Viharas）。這是一個古老的鍛練，無數人發現這有助於淨化頭腦和心靈，可以為日後的冥想打下更堅實的基礎。然而，這種鍛練法當然不僅限於初學者，「Vihara」是梵文，意指住或家，這個鍛練的目的就是要回到你內在的家，它有四個面向：「maitri、愛」；「karuna、慈悲心」；「mudita、喜悅」，以及「upehka、和平」。透過培養愛、慈悲心、喜悅和和平，你將淨化和美化你的內在環境。

　　內在環境似乎非常重要，因為所到之處你都帶著它。透過淨化和振興這種內在的感覺環境，你將會從事一些必要的工作，協助把愛、慈悲心、喜悅與和平帶來我們的外在世界。當你領會與鍛練這四無量心，並且回到你真正的家，你的手上就握有通往直覺生活的關鍵鑰匙。培養這四個無限內在的心境，可以治癒過去那些讓你分心和焦慮的傷口。

　　其中一個普遍的原則似乎是外在源自於內在。外在會影響內在，但你似乎已在探索內在是首位的道路上，你擁有的力量就來自內在。當你善用你在能量之島上所學到的五大戒律，這四無量心的鍛鍊就可以在內在種下療癒的種子，並且將喜悅與和平帶入你的世界。

　　關於如何處理負面情緒的老問題已明智地回答過了，那就是與其壓抑或發洩出來，你可以學著將意識之光帶入這些情緒中，觀察與質疑它們。然而，四無量心的鍛鍊比這更進一步，實際上是轉換陷入這種憤怒、嫉妒、貪婪、恐懼或焦躁所呈現出來的能量。它可以打開心靈並提高能量，所以，例如在特定情況下你不會感覺到個人受到攻擊，反而你開始發自內心同情對方和釋出善意，因為對方的攻擊行為或自我侷促可能是因他們的創傷和痛苦。

　　慈悲心就像直覺一樣，當你鍛鍊它時，它會越來越強壯。練習四無量心與加強與你內在「家」的連結，你會變得更有意願與能夠深入傾聽他人，並且瞭解他們。透過四無量心，你有機會透過淨化和培養內在來調和你的內外世界。你不必壓抑或發洩出來，甚至警覺地觀察自己內在所產生的負面情緒，因為它會自然而然地變成愛與良善的存在，因為你的意

識中存在著四無量心。透過耐心和定期的鍛練，你的心靈會在這個空間，它的家建立起來。

雖然你可能會認為是你在鍛練四無量心，然而這個正在鍛練的「你」，實際上正是這四無量心自由運行的阻礙，它代表從單獨個體妄想中釋放出來的識住（abode of consciousness），當它從妄想解脫後，你真實本質的愛、慈悲心、喜悅和和諧似乎會回到意識領域，並且充滿著光，實際上，這可能是你自己的光。這四無量心廣大無邊，代表著當解脫心靈敞開直覺，沒有受小我的影響時對世界的反應。這四無量心也稱為「Four Immeasurables」。

這個鍛練的實際作法為：首先留意你的呼吸。每一次呼氣，放下思維，並更深入進入當下這一刻，放下與過去或未來有關的任何想法。打開你的意識，現在你正給予自己一份美麗的禮物：給予你至高無上的渴望全心全意的關注。盡己所能明確意識到，在練習這個冥想的過程中，你無須想到外在的煩憂、計畫或問題。要投入冥想就要跨出一連串的思緒和自我中心的世界。

隨著每一次呼氣就放下思緒，每一次吸氣，讓內心產生愛的感覺。隨著一次呼氣，讓這種愛的感覺滋潤與充滿你

的心。隨著每一次呼氣，讓這種慈愛的感覺從你的心流入世界，用愛填滿你周圍的空間。這種愛是一種仁慈和善意的感覺，渴望所有其他人都快樂，並且享有來自最高幸福源頭的祝福。吸入這份愛，然後呼氣，將這份慈愛散發出來。凌駕在思維之上去體驗這份純潔愛的品質，你的心、你的身體、你的心靈感覺如何。

　　如果分心了，這時再放鬆和回歸到愛，心生愛與散發愛，感覺這份愛就像太陽的溫暖一樣普照大地，在每一次呼氣，將愛散發給那些和你親密的人，給那些和你關係普通的人，甚至給那些和你疏離或關係不好的人。將愛散發給所有的人，透過呼吸，讓慈愛流向你世界中的萬物。同時也將愛散發給自己，帶著欣賞和溫暖，愛自己獨特珍貴的本質。讓這份愛的感覺擴大，你成為一個呼吸，成為愛的泉源，向四面八方所有的萬物散發愛，像一個不斷擴大的場域，呼吸著與散發著愛……。

　　現在每一次吸氣，在你的心中生起慈悲心，這是一種關懷之情，希望別人免於痛苦和一切痛苦的因果，並且渴望減輕他們的痛苦。隨著每一次呼氣，讓這種慈悲從你的心中散發出來，讓你的周圍空間充滿慈悲的能量。

吸入慈悲，讓它充滿你的心和每一個細胞，然後呼氣，讓慈悲流向正在受苦的人，用同理心和心填滿你周圍的世界。

　　呼吸心，成為心，成為生命的體現：允許這種感覺散發出去，像一個不斷擴大的球體包圍著你，閃耀著的光芒，讓所有眾生都感染這份慈悲，並且充滿這個世界。

　　每一次吸氣，在你心中生起慈悲的喜悅，這是一種敞開的感覺，對周圍的人和世界充滿喜悅而開心。這是一種存在的純粹喜悅，一種生命循環的喜悅，成為無限的喜悅，以及生命冒險的喜悅，這種無比的喜悅不需要原因或外來的因素。讓這種喜悅源源不絕進入你的心中，進入你的每一個細胞。

　　每一次吸氣，這種超凡的喜悅填滿你的心靈，每一次呼氣，這種歡樂的真理從你的心中溢出，充滿你的每一個細胞，並且從皮膚散發出來，讓你周圍的空間充滿喜悅，並且讓整個世界充滿真理的喜悅。隨著不斷呼吸與散發無限的幸福，容許它像一個不斷擴大的場域，從你身上散發出來，讓世界充滿活力與這份超凡喜悅的能量與光……。

　　每一次吸氣，在你心中生起和平的感覺，來自於你領悟

了關於你永遠都與眾生的意識和所有生命愛的源頭連結的這種平和感，絲毫不費力地從心中生起。**當心中充滿愛、慈悲和喜悅，和平自然而然充滿於心**。隨著每一次吸氣，這種和平的感覺流入你的心、心靈和身體，你敞開自己迎接這種和諧與寧靜的感覺。隨著每一次呼氣，讓和平的能量從你的心中流出，感受到你的心為宇宙的核心。隨著不斷呼吸與散發和平與和諧，讓這種感覺滲透與擴散到你的每一個細胞。

　　不斷地向外擴散，比整個世界、整個宇宙都充滿著和平的實像……

　　「呼吸愛…慈悲…喜悅…與和平……」

　　「散發愛…慈悲…喜悅…與和平……」

　　「安住在愛…慈悲…喜悅…與和平之中……」

　　「成為愛…慈悲…喜悅…與和平……」

　　「愛…慈悲…喜悅…與和平……」

　　「持續這四無量心的冥想，呼吸愛…慈悲…喜悅…與和平……」

　　「愛…慈悲…喜悅…與和平……」

　　「回到你真正的家，安住在愛…慈悲…喜悅…與和平之

中…愛…慈悲…喜悅…與和平……」

　　當這個聲音消失，我們繼續在這四個無限的境界中冥想，我們開放自己感受每個字所指的本質。隨著時間推移，內在的感覺在伸展，我們的心在擴大，在鍛練的過程中，有時有種內在牆壁被拉扯的感覺。我們感覺到能量場在我們周圍發展，隨著我們內在四無量心不斷擴大、散發。最終我們感受到，我們就是愛、慈悲、喜悅與和平。當我們深呼吸，處在一種深層放鬆和流動的狀態，但卻充滿活力與警覺時，這些字本身就消失了。大約到了中午，我們採集與吃了一些水果，之後我們繼續練習，專注在四無量心。

　　親切的聲音又再次出現：「四無量心已在你的內在運作了，淨化與啟示」。在這次閉關期間，除了充分完全進入冥想和自我發現的心靈外，你沒有什麼事要做的。你每天可以吃兩頓飯，這裡有豐富的水果，並可以自由步行到海灘或到小山丘上提神。當然你要專注，最好當你在吃飯、走路，甚至睡覺時都繼續鍛練，這些在這兒都是可行的。

　　如果你全心全意投入於這四無量心一周，你或許會準備好做下一個練習。正如你所知，坐著的時候，一定要保持你

的姿勢直立，這樣能量才能在體內正常流動，所以你要保持警覺，最好避免亂動，除非你站起來伸展、走路或吃飯。這種馴服身體定下來的鍛練可以協助你回到自己的真實本質，如果你有任何問題或需要幫助，只要開口要求，我們就在這裡。

　　下午在吃飯期間，我們練習四無量心，然後再回來冥想，整個星期，在聖殿沉默靜坐，一次又一次鍛練心中生起和散發的四無量心。許多副作用漸漸浮現，由於我們收到指示，我們繼續練習。

　　有時我們看到美麗的光，白色與強烈的，有時是彩色的。這時我們感覺到在各處產生痛苦的壓力，首先是在我們的腿部和身體，後來在這個星期末，這種疼痛的壓力出現在我們心中。走路的時候，我們有時候會因為樹木、花、鳥，或岩石的亮光與存在而眼花繚亂，當我們發現它們的美麗時，心中有種莫名的感動。看見卻沒有過去內在的慣性評論，世界變得越來越遼闊，幾乎超越了它的紛亂和艱澀。有時我們感覺到身體微弱，不得不休息一下。

　　這時困難度也增加了，過去的恐懼、傷心的回憶、後悔與內疚湧現。起初，它們令人不安，直到我們能夠真正把它

們當作木柴，提供給我們來燃燒內心發光的四無量心之火。在那一刻，眼淚甚至抽泣爆發，能量湧入我們，清洗和沖刷過去的碎片。

有時令人難以忍受，我們以某種方式進入了超越這四個字以外的心靈，它正一個傷口接著一個傷口，一個心結接著一個心結，一個念頭接著一個念頭，幫我們一一除去。

在四無量心的一片光明下，再也沒有恐懼、後悔、驕傲和老故事的容身之處。我們發現一層一層心靈的狀態和壓抑的感覺，透過這種鍛練顯露出來，儘管我們慣性的思維方式會不斷分散我們的注意力。

愛、慈悲、喜悅和和平：成為了我們唯一知道的，而且也是我們唯一需要知道的。這個島似乎有種力量牽引著我們，讓我們進入更深的沉靜。現在它邀請我們進入內在的冒險，化解了過去極大的恐懼和不信任，並且撫平內心的緊張，我們發現我們的心智變柔軟，成為一條流動的小河。有時，我們似乎從來沒有如此地痛苦不安；在其他時候，當我們用平常心看著一切時，似乎都是毫不費力的。

到了這個週末，我們進入深層的沉靜中觀察，好像內在終於解開了，無拘無束的觀察和享受當天一切的發生。愛、

慈悲、喜悅和和平是平易近人、值得信任的朋友，就像任何值得信賴的朋友一樣，都值得我們盡力而為。它們似乎已成為我們內在全新的耳朵和眼睛，再一次，我們又聽到內在老師的聲音響起：

是的！或你正在重生與回家，你將你的位置提升到壯麗的萬物境界，釋放了許多痛苦的幻象。這個過程正在展開，就像一朵花的開花，這是完全自然的，你的鍛練現在可以轉到正念意識、全神貫注和聚精會神地傾聽，這可以看作是冥想靜心，或許是祈禱的本質。

正如你可能已經知道，四無量心只不過是各種的冥想練習之一。這些鍛練都提供了一個目標，讓心靈安住或沉思。觀想練習就是一個其中之一，而許多傳統都有無數的觀想練習。有些是相對很簡單，可觀想蠟燭的火焰、一個字母、天空、一個圖騰（yantra）、幾何形狀，和一些如曼陀羅（mandalas）、極為複雜的圖，例如有數百個圖像的西藏佛教避難樹。有一些鍛練則是聽覺的，有簡單的朗誦或音調，如禱告、咒語和聖歌，也有冗長而複雜的禱告、咒語和頌歌，以及不同類型聲音的冥想。這些視覺和聽覺的鍛練很普遍且

有效，它們還包含冥想的字彙，如神聖的名稱、四無量心和其他做法。

除此之外，還有許多冥想鍛練更著重在身體的感覺和動作，這些包含瑜珈、呼吸法（pranayama，也有人稱生命能量控制法）、氣功和太極、迴旋舞，甚至某些運動的鍛練法。

最普遍的冥想鍛練之一，專注於呼吸也是這種類型。呼吸或許是主要的持續生理過程，不管是有意識或無意識都可以輕易做到。對於未經訓練的心靈而言，呼吸主要是無意識和淺短的，而這使得一般人的意識經常處在胡思亂想和衝突的情緒之中。然而，透過有意識的呼吸，心靈可以回到當下，變得更加和平、更願意接受和更有意識。

或許你可能已經發現，將意識帶到呼吸的過程中，可能會開啟一種自然的冥想狀態，激勵與調節你的情緒。在緊張或焦躁的情況下，留意呼吸是非常有幫助的。根據研究顯示，在無意識的呼吸下，通常是由大腦較原始的部分在控制，這也是非戰即逃，以及恐懼和憤怒的反應位置。透過參與你的呼吸，你的意識會自然轉移到內在更高的層面，可以平靜地觀察情況，而不是對它們產生的反應。

呼吸冥想其實真正的意義為所有冥想之母，透過有意識

的呼吸，緩慢而深刻，你的思維可能會變得更加平衡，而且直覺打開。就像鯨魚和引導你來到這個島嶼的海豚朋友，和你一樣都是哺乳動物，它們整日都是採取有意識的呼吸，甚至睡覺時也是如此。它們持續專注呼吸的做法，很可能是它們發展出一種在某種程度上比人類意識更微妙的原因之一。和它們一樣，你也可以透過專注呼吸的冥想，讓自己從中受益無窮。

　　人們用來協助專注、深化和喚醒意識的冥想，以及其他各種的鍛練方法多到數不清。其中包括廣泛的佛教系統、道教、印度教、耆那教傳統、猶太教、基督教、伊斯蘭教傳統、薩滿教傳統、古希臘、波斯、埃及和瑪雅傳統等，除此之外，還有更多是隨時被重新發現和創造的鍛練法。這種冥想技巧的豐富遺產是人類偉大的寶藏之一，它的廣博似乎比以往歷史上的任何時候都更加適合人們。

　　冥想鍛練有同樣目標：把心靈帶入和平的狀態，集中意識，專注留意當下這一刻。透過這一點，找回心靈之光，而這種光閃耀著無比的光芒，滋養直覺領悟和慈愛。

　　可以說這些都是冥想的形式。總是有一個目標，或多或

少，就是專注在這個目標。透過這些鍛練，心靈得到療癒，它連結到當下這一刻和其基本的整體性。沒有雜念，心靈完全集中在目標上。頭腦必須先臣服，然後再鍛練它穿透幻象的面紗。

形式化的冥想最終會變成無形式的冥想，這可看作是一種隱藏之心的冥想。這種沒有特定目標的冥想，不再專注於某個目標，而靈性的成熟度可以協助你達到這一點。正如之前學到的，謹守戒律是非常重要的。透過戒除散漫和自我沉溺的文化習慣，你可以開始參與宇宙層面上的解放探索冒險之旅，而這個只適合被馴服和受過鍛練的心智。

四無量心的精神似乎就活現在你的心中，你意識到以犧牲別人為代價來獲得利益或樂趣，或者透過外求的愚蠢；你定期每日的冥想練習，讓你做好準備航向彼岸的旅程，現在是時候前往下一步，我們將指引你鍛練無形的冥想。

無形的冥想是沉靜的內在意識，如果你的能量強大與純淨，那麼你將能夠毫不費力地進入內在的沉靜。你必須先明白外在的形式或思維的世界是無法滿足你心中的渴望。當你徹底領悟這一點的時候，你就能夠放手，放下思維、放下緊握的一切、放下成為、放下存在：這是冥想和覺醒的關鍵。

　　當你領會到外在事物和思維的本質，以及它們的短暫性，你可以從渴望和厭惡中解脫，你的心靈可以恢復到自然狀態。這是三摩地的境界，一點光明的意識。在形式的冥想中，三摩地是一種交流、幸福和深刻的體驗。在無形的冥想中，三摩地完全是非二元化，雖然難以用言語形容或討論，但絕對是大大的解脫。

　　雖然這個島嶼的能量場可以協助你，但還是要靠你自己去領悟、體驗和體現這一點。你的鍛練現在是時候要進入深沉的洞見，超越心智的活動。

　　你準備好了；你生命中所有的一切將你帶到這一刻，就像你多年來的追求一樣。你在閉關和日常冥想中的努力，以及盡力透過正念和樸實生活培養對他人的善意，還有對質疑、覺醒和服務的投入，都已打造好必要的基礎。你的努力一點都沒有白費，所有一切協助你來到這裡，準備進入這個新次元的邊緣。

　　現在不要讓任何東西使你分心！我們邀請你先從記起你是為了眾生而覺醒的動機開始，你的努力不只是為了個人內在的實現，正如你自己知道的，你是為了眾生，你的兄弟姐妹，為了萬物更多的利益。

你可以先從專注於你的呼吸開始，透過這一點，意識到你與眾生的連結。放下思維，只是專注呼吸。如果念頭生起，就在你意識到的瞬間放下它，並且回到專注你的呼吸上。

　　我們繼續這個冥想，專注在呼吸上十五分鐘或二十分鐘，直到聽到內在老師的聲音。

　　繼續呼吸，現在將你的意識從呼吸中收回，只要聆聽。專心聆聽內在。沒有思維浮現，因為你的注意力完全用在聆聽。敞開和接受，你的內心沉靜，正在聆聽著。這裡要聆聽並不需要成為一位聽者。你明白，思考全然無益，所以你可以完全放下它。如果你分心了，你可以透過簡單的呼吸意識來支持這種內在的聆聽。留意每次呼吸和聆聽，無論看到什麼，都回到聆聽的鍛練，永遠回到內在的聆聽。

　　幾個小時，幾天過去了。在外在的寧靜中，我們所有的時間都是用來坐著或走路冥想或吃一點食物。起初，事情進展順利，但過了幾天，我們的心智開始反抗，似乎非要喋喋不休。就像一隻母貓耐心帶著它那些流連忘返的小貓回來一樣，我們一遍又一遍回到內心的聆聽中。時間通常很難熬，因為我們的心智跳來跳去，不然就是變得混沌、模糊和沉悶。我們提醒自己要保持警覺，盡可能專注於感受力靈敏的鍛練。

　　最終，我們將會達到某一點，一切都逐漸在轉變，我們的思維開始放鬆和關注。隨著更專注於鍛練，時間似乎消失了，然後聆聽本身似乎自己在做這種鍛練。在這些時候，我們發現我們不再需要嘗試鍛練聆聽，心靈似乎完全和自發地安住在開放聆聽內在的聲音。我們的呼吸變得微妙，有時幾乎完全消失。一種奇特的感覺在我們內在逐漸增長，形成一股不可阻擋的能量，並且透過每一個動作和每一刻向前推進。

　　隨著我們繼續練習，靜靜地坐著，只是聆聽著，我們發現我們堅定和開放的專注力逐漸凝聚起來，成為強而有力的波浪，隨著波動力量越強，它形成一種動能，將會變得無法阻擋，成為一股不可抗拒的力量。它超越我們，打動我們，引導我們領悟古老問題的答案：不可動搖的物體移動了，似乎沒什麼可以抵擋這道波浪承載著我們起起浮浮，它的力量巨大無比勢不可擋。

　　完全活在當下，我們放手再放手。當下這一刻就是所有的一切。我們更全然地臣服，超越思想，超越任何人事物，只有聆聽。我們的心靈專注在當下，開放且超越界限、語言和概念。達到一種永恆的感覺，一種超越追求或達到的感覺。

　　內在某些東西漸漸消失了。光吞沒一切，我們消失了。

一切消失了，但隨之而來的是一種輕鬆釋放、深層寧靜與平和。沒有言語或思想，不需要成為什麼人，不需要證明什麼，沒有生與死。此刻散發出來的是沒有分離，沒有所謂的分開，一種無可言喻的浩瀚。沉靜閃耀、釋放、旋轉，流動著，安住在超越言語的永恆之中……

片刻即是永恆的瞬間……

最終我們的意識漸漸回來，充滿光明的喜悅。語言和生命是意識海洋中的水滴和光彩。我們是永恆和真實的。一直以來我們就是光，照亮每一個生命！本來就存在了，而且是永恆的光。這個小小的自我，就像一個彩繪的燈泡——古怪可愛。有各種樣子，我們以享受和欣賞之心看著它，所有的小小自我都是精美雕刻和彩繪的燈泡。我們看清這一點，肉體之身來來去去，閃閃發亮的是真正的真實，而真實的影子隱藏在真實的地方。唯有真實才是真的！在狂喜之中，我們全然敞開，無盡和無始的舞蹈、神聖的發源地、堅信與永恆……

我們回到我們心靈的港灣，感覺彷彿從大海歸來，心中滿是感激之情，還有一種自由的流暢感。我們在寧靜中冥想

靜心幾天，享受生命的完整與明亮。我們開始在島上散步，我們所有的感官之窗都沖洗乾淨，四周全是令人醉心的美景。

看到一隻小青蛙，我們的臉頰流下了淚水。天空、太陽、花、鵝卵石、螞蟻、樹木，一切都揭示了真實。這全是無法言喻的欣喜！我們怎麼可能盲目這麼久呢？我們觀察和聆聽，我們的心不動，安住在當下。這一切多麼美味芬芳啊！我們探索小屋外的小院子，從來沒有比此刻更讓人興奮了。言語無法表達此刻自由和深刻的感覺，彷彿是照耀在宇宙中心無限愛的光芒正在運作，探索樹葉和鵝卵石。所有古老的禪宗隱喻和難題都化解了，草原！大門！小尾巴！那頭牛！這一切是如此地顯而易見、平實與珍貴。

慢慢地，在未來一周，我們的光輝體驗變成了記憶。言語、思想和個人經驗都開始再次出現。我們依然沉浸在一種深層又輝煌的和平之中，但是自我沉溺的思想紛亂，以及我們對身後世界的痛苦煩惱，慢慢地潛入回到我們的體驗。這時，我們的內在老師又再次出現了。

「是的，永恆這一刻潛在的和平、自由和意識沒有任何言語可以表達，現在你非常清楚，言語和思維總是出現在相對較小的心智港灣，事實上，共同文化的思維、語言、表達

和經歷，不管多麼膚淺或深刻、簡單或複雜，不管多麼振奮人心或令人沮喪，仍然只是發生在共同文化心智的港灣。離開這個港灣」。

抛開語言和思維，心靈則會進入意識的海洋。這個海洋是無邊無際，有無數的海岸，並且充滿著亮光。它可以取代無數的港灣，提升生命和經驗的無限潛力。

進入這片海洋，你進入了你的真實本質；抛開言語，你離開了制約的自我與個人的經驗。心靈覺醒似乎與個人無關。現在你明白了，你，就個人而言，永遠不會體驗到海洋的存在。你的自我沉溺會被不斷開放與勢不可擋的專注動能消除。唯有這樣，「你」才能進入海洋的存在，儘管進入的這個自我當然不是你通常以為的那個自我，那個自我已被留在身後，就像廟門口的鞋子。

進入這片海洋，你就是進入草原的那頭牛，你的尾巴小而謙虛地留在你的身後。事實上，「道可道，非常道，名可名，非常名」，任何描述都只會侷限該事物，一旦我們一想或開口，言語就帶我們進入港灣，而在我們周圍的卻是開放的大海浪潮閃閃發亮。

　　現在你的鍛練實際上即將開始。你瞥見了彼岸。你已經嘗到你的天性本質，並且直接看到言語無法傳授或描述的一切。這是一個你可能永遠都得不到的禮物，但是你已經得到了。在這個偉大的覺醒之旅中，你的努力永遠不會白費。你或許再也看不到你曾經看到的相同的小我，現在你內在的光更明亮了，你的做法將會有所不同，因為你已經有了這個基礎。

　　在此之前，你的做法更像是在黑暗中摸索，試圖跟隨和詮釋教誨，試圖信任以及更多的摸索。現在有一道光閃過，你看到了前景，你已經離開了港灣，瞥見大海。從現在起，你的鍛練是將你的整個生命——每一個思想、言語和行為，與你所經歷的協調一致。你現在的挑戰是將揭示給你的一切體現和落實在你的生活之中。

　　要做到這點一個有效的方法是透過練習專注、冥想和祈禱，這三者的本質就是三摩地的純粹意識。我們說的純粹三摩地（absolute samadhi）是靜坐時出現在深層靜止的冥想狀態，就像你之前的體驗。這是正念三摩地（positive samadhi）的基礎，也就是練習生活在冥想狀態的鍛練，無論你從事什麼活動。

正念三摩地是專注，全然投入日常活動，如清潔、步行和創造，有意識地呼吸，留意每一個動作，專注，完全活在當下。你對你的行為結果可能變得較不感興趣，因為你不再被分離感所束縛，這就是所謂的無為而為，而且這是可行的，讓自己做一位見證者而不是苦幹的實幹家，進入更高的能量層次，讓清晰、熟練的語言和行為透過你表達出來，而不是從你的制約思緒和意圖表達你的言語和意圖。

　　當你放下你的個人感覺從事活動，放下關於你是誰以及生活應該如何的制約認定，你將會更專注在當下。因為你的意圖不再是為了提升自己的利益，你會成為一位付出者和療癒者，根本不假思索地自然給予和療癒他人。

　　當你認知到你的小我遠遠超越在第一個島上學到的小牛尾巴時，再加上你深入的傾聽，你自然可以協助世界帶來更多的和平與自由。你的領悟會從你的舉止散發出去，並且透露出你的基本態度。當你在日常活動中鍛練正念三摩地的專注，你自然會更容易進入純粹三摩地的內在沉靜。這不僅可以進一步支持你的意識和直覺生活的鍛練，而且還有助於你對祈禱的理解。

　　祈禱和冥想一樣，是自然和健康的。古老的阿拉姆語

（Aramaic）意指像打開的陷阱，全然敞開和接受。這可能被認為是「純粹的祈禱」，與冥想傳統中的純粹三摩地內在預期的沉靜相似。純粹祈禱是對海洋敞開，你就是一道浪潮，同時也有深切嚮往的元素。正念祈禱（Positive prayer）又稱為明確祈禱（affirmative prayer），是從純粹祈禱中自然而然的實現，領悟波浪本身就是海洋，一個源自海洋並且與海洋同在的獨特樣貌。

正念祈禱引導我們直觀領悟到，根本沒有力量在抵抗包容一切的慈愛力量，這是你的本源，同時也是顯化一切的源頭。理解這個源頭是真實的，無論外觀如何，都會帶來療癒。這個存在的根本也是萬物的根本，而萬物都是在這個無限的存在中出現。雖然祈禱可能包含渴望，但終至可成為更高的理解，我們稱之為正念祈禱。

還有一種祈求一些東西的祈禱，是基於一個潛在分離的假設。這種二元化的祈禱最終可能成為你覺醒的障礙，如果它強化了明顯或微妙的分離感，而與這種分離感有關的執著和恐懼就免不了會出現。

冥想和祈禱在純粹方面都是經歷內在的沉靜，在正念方面，它們則是將這種體驗帶入日常生活。冥想變成是專注的

意識，祈禱則是理解無限來源的全部，尊重他人和自己是這個來源生命的表達。

你必須避免以某種特殊和優於他人的態度對待他人，這對你的開展是一種毒藥，很容易造成自負和痛苦。俗話說得好，爬得越高，摔得也越重。

我們邀請你時時警惕！生命是永無止境的，永遠有展開新的可能性，也許你最大的貢獻就是以身示範，並且努力體現你的領悟。在這條路上你似乎已經打好基礎，你在這裡學到體現真理的鍛練可以持續，並且會開花結果。那在你的日常生活中，就讓你的一言一行成為覺知的神聖展現。

這個閉關即將結束，你的意圖是堅定的，你體驗過自由，你現在的鍛練是體現這些教誨與領悟。你的直覺可以隨著你的心靈離開海灣所處的海域，向大海洋前進，自由漫遊，並且觸及每一個地方和每一個深度，之後，你會發現自己就在彼岸。

在禪宗傳統中，一種鍛練和培養與測試人們直覺智慧的方法就是深思一個禪宗隱喻，也就是你知道的，唯有用直覺直接切入才可以解開的深奧問題。從你在領悟之島的經歷中瞭解，理性思維永遠不可能參透禪宗隱喻。然而，透過以適

當的方式冥想隱喻之謎,最終或許可以成功解開,打破二元
化思維的制約,揭示存在的深刻真理。最古老的所有禪宗隱
喻都是我們所有人面臨到的問題:「我是誰?」或「我是什
麼?」或是「在我父母出生之前,我本來是長什麼樣子?」

　　另一個最廣為人知的禪宗隱喻:「單手拍掌是什麼聲
音?」,你知道雙手拍掌的聲音,但單手拍掌的聲音是什麼
呢?一切都是象徵性。

　　雙手拍掌的聲音是這個世界的形式,你可以看到、聽到、
品嘗、觸摸、聽到和思考的。但是這個單手拍掌的隱喻旨在
使頭腦轉至完全不同的方向,朝向真正的潛能,跳脫這個世
界所呈現的形式,並且時時刻刻再次回到這個世界。

　　每個聲音都始於無聲,最終也再歸於無聲,每一種形式
都來自於無限的空間,最終又再次回到無限的空間。萬物都
可看作,或許是一段旋律,一段獨特的歌曲從無聲中響起,
在被聽到一段時間後,乘著風,最終又回到無聲,就像波浪
從海洋中湧出並返回大海。

　　這個無聲、這個源頭、這片海洋、這個單手拍掌是什
麼?為了找出答案,你可以進入思維之間的空間,音樂與音

符之間的無聲，這樣你可以確實知道，哪個是真實可靠的領悟方式。當靜坐在無聲時，你可以聆聽無聲，這是一種很好的鍛練，而另一個有益的鍛練則是在聆聽特定的音樂時聆聽無聲。聆聽音符與音符之間的空間，以及聲音模式中無聲的模式。並且對無聲更為敏銳，樂在其中，並且學會安住在超越思想的純粹傾聽。

你可以領會單手拍掌的聲音，而這種領會有助於讓你獲得智慧與自由。我們有一些音樂可以讓你體驗一下，請聆聽單手拍掌的聲音，音樂中的無聲，音符之間的空白。請深深地聆聽，你留意到什麼？

（當我們在冥想之島接受這種鍛練時，我們開始聽到一些音樂的蹤跡，為了讓你體驗一下，請聆聽專輯《光之島》中的第四首《內在空間之歌》。）

在島上冥想閉關的最後幾天，我們在無聲之中靜坐，讓我們收到的所有教誨和洞見更加深入，並且我們沿著美麗的海灘散步。有時，靜靜坐著，專注呼吸，或深沉的放鬆以及沉靜的漫步，單手拍掌冥想中揮之不去的音樂從我們身上流

過，我們意識到無聲是如此充滿生機和生動活潑，如此直接，
包含著所有的潛力。我們幾乎無法克制這股追尋探索的衝擊
力，它的浩瀚似乎淹沒了我們。我們逐漸觀察、開放和接受
意識帶來的解脫效應，將我們與每個聲音都有無限可能的永
恆無聲連結在一起。

在這個島上，我們感覺到我們已經完成一切，像一塊黏
土在堅強而仁慈的手指間軟化一樣。在我們心周圍的殼已經
被打破，並且被拉開了，我們越過海洋，感覺到我們的心柔
軟、敏感、脆弱、開放和跳動。有些東西已經逝去，新的重
生似乎正在進行中。

很快就要開航，繼續前往彼岸。我們呼吸著愛、慈悲、
喜悅與和平。我們在這個優雅的美景中多漫步一會兒，當我
們從一個明亮且超然的意識看著我們的思緒和行為時，這時
升起一種陌生的自由感。

Chapter 4

The Island of Imagination

想像之島

我們繼續航行，在溫暖的亞熱帶陽光下，每一個方向都看得到永恆的天藍色水域，在冥想之島後，我們感到深層的平靜，帶著一種安定的信心，我們更進一步踏向未知。一切對我們而言似乎都不同了，也許老水手是對的，我們確實航行在世界的邊緣。

　　至少我們有可能是在自己的邊緣航行，平靜的感覺仍然令人驚訝，我們超越了平時的自我認同，我們就是這個旅程、這個彼岸、這個海洋、這個天空，以及我們正在航行的船隻。我們是這個目標和路徑，也是包容這一切的偉大力量。

　　跳脫出更多的概念和煩憂，我們聆聽內在，讓天空引導我們放在船舵上的手。我們感覺到下一個島嶼就在遙遠的一方終日向我們招手，我們敞開自己，讓頂上的雲層和藍色遼闊的蒼穹指引我們。當我們偏離港口或右舷時，我們會感覺得到，並且再次轉向繼續航行，回應天空和地平線的提示，心中充滿感恩。

　　回應。智慧的基礎引導我們。打開我們的意識，我們自然會知道如何回應和調整。這是我們的直覺發展，以及我們如何知道它是否「正確」。真是美好的回應啊！感覺我們已經爬上了兩個世界之間的窗台，可以看到雙方的回應之舞，

以及他們如何即時回應對方。一方面，我們可以看到我們的自我，開放和回應我們的非自我（似乎是外在和其他的世界）；另一方面，我們可以看到我們的非自我，開放和回應我們的自我。來回相互回應，就像透過窗戶的網球賽，我們看到自我和非自我對彼此非常著迷，興高采烈地玩著。

　　自我和另一個非自我都是廣闊和未知的，我們在清明的瞬間看見它們的一體，明白這是永遠不會錯的。永恆的生命以自我和非自我顯現，我們對天空微笑，天空也以微笑回應我們；天空對我們微笑，我們也報以微笑。

　　回應！智慧是優雅的，流過自我和非自我的遊戲，並且隨著它們之間的牆壁消失而變亮。當隔閡瓦解，我們看到：當知者消失時，回應超越本身，變成同步、瞬間和持續。回應在其內在出現！即使與所有外在是相反的，回應總是出現在其內在。我們與世界沒有分開，這點直覺知道。

　　當我們望著前方地平線的波浪時，我們清楚領悟到這一點。在我們的上空，突然傳來拍打翅膀的聲音，一隻巨大的白色信天翁已經降落在我們桅杆的頂部。當它再次起飛時，飛到我們的前方，我們心中突然感到一陣暖意，因為這個帶著羽毛的生物，它健壯的翅膀讓它可以在天空和大海之間安

然地飛翔。

　　我們感覺要跟著信天翁航行，雖然它經常飛離我們的視線，但它會停在水面上等待著我們，或者在我們船上盤旋，好像在鼓勵我們。我們跟著它好幾天，習慣它出現在天空，在我們前面飛翔，直到有一天，它消失在地平線上。

　　第二天早上，我們看到右舷弓方向有一個島嶼的明確輪廓，顯然我們在夜裡已經漂向它了，儘管它距離我們還很遙遠。當我們向島嶼航行時，心中有一種永恆的感覺，感謝這個旅程和信天翁與海豚，透過接觸我們，幫助我們，以及現在與我們同在的所有人。回應。意識。海島離我們越來越近了。

　　日落前，我們在一個海灘附近登陸，在夜色中，沙灘延伸至棕櫚樹之間。我們搭建營地，冥想，在溫暖的月光下，我們很快就在沙灘上睡著了。這時腦海出現一個異常生動的夢境；在夢中，我們沿著一條小溪流到達一個美麗的花園，在那裡，我們與一位女士坐在一起，她透過她永恆的雙眼和輕快的嗓音與我們溝通，彷彿這個聲音是來自我們的內在。

　　你已經到達了想像之島，歡迎！當你的身體在睡覺時，我們在學習，是的，我們在學習。 此外，並不是很多人找到我們這裡，但我們在這裡，一直都在這裡。

　　你的想像力是一股強大的力量，同時是你的幫手和你的朋友。就像任何力量一樣，如果你誤用，她會成為摧毀的力量，變得很可怕。讓她成就你最高的夢想，你可能會看到它具有彼岸的智慧。

　　你正在努力淨化你的心靈，所以你的想像力是你的朋友。你可以相信她的靈感，引導你的旅程。她可以打開新的領悟之門，深層的信息可能會以影像方式從你內心的智慧中顯現。它們可能是提升世界新創作的種子，將靈性以更活潑的方式融入生活的直覺。

　　回到你來自的岸邊，想像力主要是一種干擾，那頭牛的尾巴、自我沉溺，喜歡用想像力和記憶力來強化自己的故事：它的所有計畫、願望、遺憾、恐懼和複雜的全糾結在它冗長的想像中，所以想像力往往可能變成一種進一步妄想的工具。它可能是一種忽略你身邊所有萬物的方式，以及忽略生命原本的美好。

　　但是，你們已經看到了存在的領域，並且變得更單純與

專注，你的想像力有助於直覺之光，你似乎準備探索想像力的力量，以成就你內在的創造心靈。意象似乎有三個主要領域，是想像力中三個相關的範圍。

視覺領域最為明顯：用你的內在之眼，任何你看到或可以看到的一切都是表象和抽象。閉上眼睛，你可以看到浪花打在白色沙灘上，在風中搖曳的棕櫚樹和水面上的月光，這一切都是來自內在的視覺，用你的內心去看。或者現在，看到萬花筒內的顏色不斷旋轉，光影交替舞動著。視覺意象是內在看見，而當你閉上眼睛時會變得更容易做到。

想像力的第二個領域是聽覺，用你的內在之耳去聆聽，聆聽內在的聲音；你可以聽到雷聲轟隆的聲音、烏鴉的叫聲、流水的聲音、孩子嬉戲的聲音、教堂的鐘聲。再一次，是永無止境的可能性。

想像力的第三個領域是動能，內在可以感受到的一切。感覺自己現在正在跳舞，跳進大圈中，從地球上升起，在高空中飛翔飄浮，現在轉過身來再次著陸，躺在溫暖的陽光下；感受到太陽的溫暖擴散到你的皮膚上，深入你的身體。感覺到內心能量的刺激，沙粒壓著你的背，這是所有動感的意象，另一個無限的領域。

　　直觀的洞見可以透過這些意象路徑顯現。例如，一個直覺可以透過一個內在視覺，也許是在冥想中，或者是你心中一閃而過的影像帶來一種領會。它也可能是一種聽覺意象，也許是一個內在的聲音，你會認知到與一般行事的內在獨白聲音不同。它可能透過動感的意象，如肚子、心臟有感覺，或者有刺痛感。如果意象通常是以某種方式帶給你指引和洞見，那麼多瞭解你的直覺意象風格倒是一個好主意。

　　現在我們要探索你的想像力，傳遞來自直覺的智慧和信息。長久以來，音樂蘊含的精神力量與其可以喚醒內在意象的能力早已被公認。四首音樂即將開始，當你聽第一首音樂作品時，容許它喚起你的內在意象，聽完之後，花幾分鐘的時間，用文字、詩或素描表達你感受到的一切。

　　就像在醒來時記下的一個夢境，音樂喚起什麼，內心的景象、聲音、感受和感覺？讓自己全然進入想像力的體驗，並且記下任何浮現的一切。接下來聽下一首，看看內在出現什麼意象，把它們記下來，然後再聽下一首，之後是最後一首。透過你內在豐富的視覺、聽覺和感覺，帶著音樂一起去旅行，讓你的想像力完全自由發揮。打開，放下，並且覺知一切！

從現在開始，讓自己記住你的最高渴望，並且將這個喚醒你想像力的過程用於利益眾生。接下來，看看當你聽到這個問題，內在浮現什麼：「現在，你最想深入領會的是什麼？你最想進一步充分理解的是什麼？」這個問題會喚起你內在一些東西，可能是一種念頭、感覺或影像；簡單地把它記下來。

　　現在放輕鬆，開放聆聽我們即將與你分享的四首音樂，一首接著一首，在每個片段之間寫下你想像的體驗。這是第一首，聆聽，並且讓音樂喚起你內在的意象。

　　音樂開始充滿我們，一首接著一首，每一首都是獨特的，並且在我們內在形成不同意象和感覺的反應。

（感受一下來自想像之島的四首音樂，並試著做這個練習，請聆聽專輯《光之島》第五至八首曲目。這四首曲目為《F大調幻想曲》，分別為：第5首，活潑的快版 (Vivace)；第6首，暴風雨 (Tempestoso)　；第7首，牧歌 (Pastorale)；第8首，凱旋曲 (Trionfale)。）

　　現在你已經聽了四首音樂，寫下它們在你內在喚起的影像和感覺，讓自己在這個獨特的內在空間寫一首詩。即使你

以前從來沒有寫過詩，試著不費力的寫出來。只是讓你的心寫下來，讓你此刻內心的詩呈現在紙上。它不需要押韻或一定字數，只要讓它從你的內在流露出來，沒有任何評斷或比較，就只是讓它出來。

我們試著寫詩，享受意象體驗喚起的詩意創造力。一首詩就這樣不可思議地輕易呈現在紙上。

你正在體驗直覺、創造力和靈性的源頭。這三者流動在一起，它們可以透過想像力相互誘發。你的想像力有其獨特的風格。例如，你的意象是偏視覺、聽覺，還是動覺？是文字多還是文字少？你是否直接投入想像力的體驗，還是像觀察者在看電影一樣？從這個音樂和意象的體驗，你有什麼更深刻的理解？你可以將這些從想像中獲得的訊息實際應用在你的日常生活中嗎？它們是否指點你可以採取什麼樣的態度，或者對自己或他人抱持的全新觀點？你是否看出你的意象體驗與你現在正面臨的問題之間的關聯？

請持續在任何看起來是特別的指示或神祕的意象中下功夫，它們正在召喚你，包含可能你尚未意會的力量和洞察力。你明智的內在老師、你的直覺智慧，將會利用這種機會來傳

達洞察力和指引。重視你接收到的任何意象體驗，並且透過日記記錄、冥想、分享或讓它們成為繪畫、詩、故事寫作、音樂、舞蹈或雕塑等創作的種子來呈現它們。隨著時間的流逝，你將為自己揭露更多這些寶石的面向。

在許多方面，你的意識思維就像一片薄層或面板，你已經養成要依靠它，並且將它視為做決定和理解生活的唯一力量。然而，擴展這個表層以下和以上，就如同大海和天空一樣，是意識層面，透過冥想和想像力可以觸及。視覺、動覺和聽覺意象體驗可以從這些其他層面帶來療癒和喚醒的力量。這些體驗可以傳達複雜的理解，往往是透過相對快速和簡單的象徵性影像。當你打開包含在其中的含義時，你將得到最能滋養意識的食物。在你的內在培養這條路徑——從你的意識表層到達你的直覺心靈，透過尊重你接受到的隱喻影像之肥沃花園，留心觀察和解讀它們，從中學習，並且將之融入你的意識結構和日常生活中。它們可以改造你與豐富你的生命。」

當你陷入僵局，無論是內在生活還是外在世界，如果你持續冥想，你會發現它通常是一個乍現的影像助你打破僵局。那是來自你更高意識的禮物，它可以讓你進入另一個層

次，或者整合自己明顯衝突的面向。用心觀察，象徵性影像一直在出現！這些影像很少是偶發的，它們源自於你內在的智慧，通常以具體覺知感受出現在內在和外在的世界。

生活中的外在事件和文化中的共同生活，儘管它們會以文字呈現，也可以看作是一種象徵，當你學會以這種方式看事物，你可能會發現自己的直覺正在增長，可以開始看到你的內在世界與外在世界體驗之間的關聯。

當你在夜晚或小睡時作夢，甚至是空想，你可以體驗到想像力的豐富創造力。你會發現，隨著你的冥想鍛練發展，你更能覺察你的夢境，而且你可以享受和受惠於夢境中的創造活力。

直覺智慧在夢中，以及在其他時候傳遞給你的訊息，是以字元、事件、地點和代表其他事物的符號形式呈現。符號是直覺繆斯的主要語言之一，也是神話、藝術和經文的語言核心。符號是多面性和不明確的，所以其意義並非以文字表達，而是要透過解讀，然而拘泥文字的理性心智不擅長解讀符號，但這是直覺心靈的強項。隨著你的直覺發展，你可以自然地開始感受到文學、藝術、宗教教義、夢境和日常生活中隱藏的象徵意義。

隨著你繼續朝彼岸航行，你可能會發現，當你跨越隔開夢境自我和覺醒自我的鴻溝，你的夢境會變得更有幫助與更具啟發性。這兩者可以成為彼此的盟友，讓你的直覺智慧來解讀符號。 你可能會開始意識到，你在醒著時是正在做夢，而當你在做夢時，你是醒著的。你可能開始看到現實具有更多的象徵性意義，象徵著內在的過程和品質，而你的直覺將有助於你超越表層，看到你醒著和夢境事件中的潛在意義。這是直覺生活的關鍵，激發你看到其他隱藏的連結和關係的能力。

　　隨著你的能量增加，以及你的冥想鍛練發展，你的心靈渴望可能會創造一個領域，以喚起象徵性的影像引導你走上你的旅程，不管是在醒著，還是在夢中。也許一切都不是偶然的，在許多方面，宇宙是共同協助你發展進入真理。對內在和外在象徵性的訊息保持覺知，並且與之合作，可以協助你避免不必要的痛苦。

　　這可能是因為來自宇宙的信息，也就是你內在的智慧，可能需要「更大聲」，從你的角度來看是更多的創傷，以便引起你的注意，如果你持續忽略它們，疾病、衝突和悲劇可能會無可避免地發生；如果你無法與來自直覺的智慧連結。

然而，最終悲劇往往會成為促進癒合和覺醒的策劃者，他們只是你的老朋友，還記得回應嗎？正如你已經發現，要與展開的無限意識合作而不是對抗，你會更樂在其中享受生命。

內在世界與外在世界的關聯性，以及外在世界如何顯化內在的世界，這一切將變得越來越清晰。你的正面和明確的想像往往會出現在你的外在體驗中，你的負面想像，恐懼或壓抑的，也會在你的體驗中出現。不僅如此，你外在世界的體驗，不可否認的，這是在你自己意識中所產生的體驗，而且基本上對你而言是獨特的，因為你的內在世界也是獨一無二的。當你對外在生活的體驗與思維，以及內在狀態之間的直接關聯變得更加敏銳，你可能會發現，外在事件並不是發生在你的身上，但是反倒更像是從你的身上引發出來的。

當你開始直覺感知內在事件和外在事件之間的關聯時，你在助人方面將變得更有效率，而不會有太多的批評和評斷。更清楚瞭解外在世界是意識的呈現，你自然而然可以跳脫外在世界可能會傷害你或滿足你的文化信仰。

我們並非意指痛苦不是真實的，也不是替自以為是造成別人痛苦而辯解。傷害不僅限於透過行為，不採取行為也會造成傷害。透過我們對情況的回應，我們可以展現和發展我

們的領會。所以我們要盡一切所能在生活中遵循這四種認知：外在世界是意識的呈現、萬物都有喚醒意識的種子、所有的情況本質上都是可行的，因為所有的浪潮都是無限海洋的顯現、最後，盡力助他人脫離苦海是這個可行性的關鍵和重要部分。

如果沒有專注和正念的訓練，心智往往會在過去和未來之間飄來飄去，不斷用言語表達、評斷、逃避和掌控，就這樣過了好幾天、好幾個月，甚至好幾年，或是從來都沒有，即使一秒鐘也沒有，真正與生命當下的那份活力連結。從來沒有真正見過花朵，沒有真正聽到鐘聲，沒有真正正眼欣賞，沒有真正完全敞開。

回到你離開的岸邊，似乎許多人生活在這樣一個分離的世界，構成與維持他們的制約思維。如果它瓦解一會兒，所有的亮光和生氣可能會沖刷進來！但是，制約思維太強大了，很少允許任何超出其分類和解釋能力的東西進入它的世界。

當然，心靈感覺到這一點。由於無法進入和品味生活的美麗及魅力，因此，心靈要求改變意識的體驗，好讓其無法

與真實連結的沮喪感得到一點釋放。透過無數的活動，許多人上癮了，於是人類思維不斷尋求跳脫其極限與體驗意識改變的狀態。似乎在我們的骨子裡，我們渴望從對重要靈性問題感到困惑的表面矛盾夢境中醒來。

你對彼岸的追求，可能正是追求實現這個渴望，追求觸碰在當下光芒四射的心。正如你所發現的，與當下直接接觸是一個「改變狀態」，是自由和豐富的，而且沒有不良的副作用。

透過鍛練，你可以做有啟發性和有建設性的夢。你的直覺智慧可能會使用夢境來傳達靈性教誨，並且為平日生活中的創意計畫和未解決的問題，提供實用的點子。如果你希望針對生活中的具體問題或項目得到靈感或指導，可以在臨睡前清楚觀想問題或下意圖，尋求指引。種下種子，然後保持心靈敞開與接受進入睡眠。你可能會發現，你的心靈是一個智慧和轉換念頭的寶庫。這些寶藏正在私語，你可以學會聽到！你的心靈可以成為你的好朋友和盟友。

這個世界呈現的是心靈的夢境，藉此提醒你，你想像的世界如何，世界就會如你所想像的一樣，所以當你想像自己如何，你就會如你所想的那樣。那你可以做一個將你從夢境

中喚醒的夢嗎？

　　讓你的洞察力以各種形式跳舞吧！將它們帶進你的世界，祝福人類和萬物。影像也有能力改變你的意識和文化。透過連結帶有真理和靈感信息的圖像，並且與他人分享，你可以協助創造一個更健全、真實和豐富的世界，你們的世界是個人和集體心靈影像創造出來的結果。

　　覺醒不是枯燥無味與過時的事情，而是釋放內在至高無上的創造力和活力。你的生命本身就是一個創意的畫布：透過想像力，你的心會變得更明亮，你的世界會更快樂。創造！想像！打開進入宇宙之門的關鍵字，想像！想像！

　　島上這位夢境女士輕快的聲音漸漸消失，她深切的話語「想像！想像！」猶言在耳，而她那閃閃發光的眼睛仍然在我們的內心閃耀著，我們在溫柔的清晨，微風輕拂的沙灘上醒來。

　　起床和伸展，我們感到神清氣爽和精神振奮，當我們在島上閒逛時，我們花了一天時間沉思令人回味的夢境。與夢境女士的經歷仍然歷歷在目，我們還記得四首音樂喚起的意

象。透過冥想和寫下這些經歷，更多的內容被揭示出來，而且我們可以認知到我們內在生活與外在經驗之間的象徵性關聯，正如她提到的。在晚上，坐在海灘上，我們練習冥想，感覺到我們的意識正擴展到意識的相互連結，可以激發我們生活中的關係。回應，永不停息，流過這一切。

第二天，在白沙灘南邊的山谷漫步，我們發現一個**木製招牌，上面寫著「歡迎來到這個藝術花園」**，寫得很整齊。當我們走進去，穿過一座跨越小溪的橋，我們進入一座美麗的花園，花園中有一條小徑通住一個有屋頂的門廊，門廊上掛著六幅巨畫好像在展示。有一個牌子上寫著：

像音樂一樣，藝術可以是直覺的語言。如果你深入觀察這些繪畫，你可以從你的內在輝煌中收到禮物。雖然每幅畫都是分開的，但它們也包含在彼此之間。以冥想之眼觀察，你可能可以收到每幅畫蘊含的一個訊息、一個提示，或是對現在的你而言是獨一無二的啟示。也許，當你以安靜和開放的意識注視這些畫時，你會發現你內心深處的洞察力。用你的直覺之眼觀察，也許這些

畫可以點燃你的內在之光，那麼它們正在為你服務，而且做得很好。

（有關藝術花園展示的六幅水彩畫，請參閱 www.willtuttle.com/Paintings.pdf 網頁上的彩色繪畫或本書附件的三折插畫。對於每幅繪畫伴隨的音樂，請聆聽九至十四首曲目，其中包括《光之島》中標題為《藝術花園之歌》的作品。六首曲目分為為：1.《失落之島》（Lost Island），第 9 首；2.《顯露的寶石》（Emerging Jewel），第 10 首；3.《內在之門》（Inner Doorway），第 11 首；4.《超越時空的時間》（Time Beyond Time），第 12 首；5.《互即互入》（Interbeing），第 13 首；和 6.《抵達》，第 14 首。）

當我們去到第一幅畫並站在前面的時候，我們聽到似乎被繪畫引發的音樂。當注視這幅畫，將自己投入在顏色和影像之中，並且感受它的存在時，時間慢了下來。可以感受到從繪畫表面散發到廣闊空間，以及進入我們身體的生命能量，也可以感受到繪畫中的愛和激情。

放下分析繪畫的衝動，敞開自己，就像看到我們內在的一面。

時間流逝，當我們以一直沉靜在鍛練的冥想凝視時，

這幅畫似乎顯現在眼前，變得更加活躍，引發無語覺知的直覺。我們似乎感受到從許多方向散發出來的連結，時間變得從容，音樂協助我們進入繪畫更深處。有時候音樂似乎從繪畫中流洩而出，我們持續探索，並且對藝術和音樂敞開，因為它們傳達著它們的能量和訊息。

到了某個時間點，我們感覺被引導至第二幅畫，當我們走過去時，第二首音樂似乎被這幅畫喚起了。我們練習這個島嶼的觀察方式，這與我們在大學藝術欣賞課上學到的方式截然不同。看到這些畫如同催化劑，協助揭示我們存在的面向，並且從我們內在顯現，我們有意識地敞開接受這幅畫喚起我們內在的任何東西。最終，我們去到第三幅畫，伴隨著它的獨特音樂，然後再去到第四幅畫，從第一幅畫到下一幅，漫遊靜心注視每幅畫，感受每一幅畫為內心帶來觸動。

似乎我們是從多個角度注視著一個內心的世界，每幅畫都提供了前所未有的新視野，也包括以前的一些洞見。當我們敞開接受藝術和音樂交織在一起時，它們似乎是非個人或超乎個人的，就好像它們已經從這個想像之島的獨特性脫穎而出。雖然我們的傳統思維好奇，究竟是誰創造這些繪畫和音樂作品，以及他們透過繪畫和音樂想要傳達什麼，但我們

微笑著，感覺到當我們在注視時，實際上我們在許多方面也在創造，而且它們的意義主要是透過我們對它們的獨特洞察力而顯現。

在第六幅畫之後，有一個舒適的椅子和靠墊的區域，我們靜靜坐了一會兒，內心就像明亮互聯的畫廊和走道，充滿影像、音樂和直覺。

我們看到，文字和概念是無法重現透過節奏、顏色、符號、形式和聲音想表達和呈現的意義。藝術和音樂似乎是普遍的直覺語言，試圖將這些微妙的語言轉成具體化的語言線性思維，往往會將其喚起的微微曙光降低成可編纂的概念，使我們與其潛力和目的失去連結。終於我們看得更清楚了，我們要鍛練不要把洞察力納入言語的思維。

隨著我們發展的想像力，我們意識到，可以不用平時的語言與對白思考，在這個想像之島，是可以如此的天馬行空。透過冥想覺醒的鍛練，我們在內在創造一個空間，我們現在更瞭解我們潛在的直覺力量。

我們可以透過感覺、影像與尚未被文字解讀的符號來理解及思考，而不需要透過文字。

這種跳脫線性文字思維的自由是一種解脫！雖然文字思

維有其作用，但它可能掌控內在的景觀，如一部嘈雜的電動機，沒有停止的開關。我們意識到，我們多麼習慣於一個停不下來的言語媒介思維，像我們的內在有一個運動評論員，在一場足球賽解釋、分析和證明我們擁有的每一個經驗。

我們似乎恢復了孩提時不靠言語思考的能力，重新喚醒一個古老的記憶，也就是在沒有文字，不需要命名一切之前的那份覺醒。透過練習，並且在我們冥想鍛練的協助下，我們看到我們可以調解內在的獨白，發現音樂、藝術和大自然世界更豐富的體驗。持續對這個島嶼敞開，透過雙眼，我們似乎看到超越表面的一切。這是無可言語的意識，但如果化成語言將會如是：花開花謝，花謝花開；有得有失，有失有得；天中有樹，樹中有天；一切中包含一切，文字是陰影，因而指出光的方向。

這個島上的經歷似乎已經開始釋放與增強我們的想像力。望著花園，我們釋放內在以言語解讀一切的慣性，因為它可能竊取了我們的當下。芬芳的花朵在微風中跳舞，鳥兒在樹林間唱歌，一條小溪流過布滿苔蘚石頭靜靜地訴說著。萬物的美麗和無法言喻深深縈繞著我們，擁抱我們，並默默地推動我們。這個看到和聽到的它是什麼？這個聞到味道的

它是什麼？這是什麼？我們在這無語質疑中休息很久，這個古老的問題，感覺有更多層面正在剝落。

　　或許這一切的一切從來都沒有分離過。

　　隨著時間流逝，我們留意到，月光照在無雲的天空，映在花園所有的小池塘裡，它一路照著我們走回沙灘上睡覺的空間。

Chapter 5

The Island of Relationship

關係之島

我們在想像之島花了幾個星期，練習靜坐和冥想更勝於言語交流，並且在我們的夢境中收到更多的指引。我們發現其他分散在島上的花園和畫廊，於是我們繼續探索其中音樂和藝術的想像力。透過這一切，我們感覺到我們的想像與創造力變得更加生動，因為我們感受到越來越多跳脫出自我沉溺思維的自由。我們決定，在這個島嶼接下來的時間，將盡全力斷絕內在強制性的思維。當我們戒除得越多，看見內在思維和外在活動，我們就會感到更自由。

我們帶著感謝的心在島上散步，意識到我們對繼續前往彼岸的追求越來越強烈。於是我們開始好奇，如果關係是基於一種更直覺的方式存在，那將又會是如何。人們如何在沒有競爭的情況下一起生活，例如，沒有制約分別的約束，敞開相互連結性與每個人和大自然連結？我們樂於想像一個這樣的世界。

在船上裝載了島上提供的豐富物資後，我們再次朝著地平線前進。在經過幾天的航行後，我們發現，現在我們的指引完全來自海洋、天空以及我們的內心世界。我們一直在調整我們的航向，依靠我們連結那結合大海和天空的地平線。每次當我們這麼做時，感覺有點像是要跳入未知一樣，然後

調整，直到我們感覺到我們的旅程和方向再次與海洋和天空一致。

隨著我們繼續航行，我們的心充滿一種安定和感激之情。這似乎需要鍛練和信任才能接受我們的密友 —— 海洋和天空的指引。我們穿過它們，環繞在它們的浩瀚之中，感覺到我們與充滿在它們之間的智慧連結，而這個智慧導引我們的航行。我們的手轉動船舵，有著放鬆與肯定。

心中有一種感覺，透過這次的旅程，我們正在實現一個更大的目的。帶著這種覺知，當我們偏離航線時，我們更容易察覺到，所以可以調整船舵。認出我們老朋友的回應，我們感受到我們生命的目的和風、海浪、天空和太陽，以及每一個片刻都是一致的。關鍵似乎是內在的寧靜，這樣我們才可以敏銳地收到回應給我們的指引。

繼續航行數日後，最後在一天早上，我們看到遠處似乎有一個相當高的島嶼。再次，島上有明亮的光，我們發自內心感激地微笑著。我們一直在船舵處練習直覺回應的舞蹈，繼續留意大方向和來自天空海洋回應的能量，我們幾乎忘記要到達任何特定的目的地。但，這裡就是了！這個偏遠的島

嶼似乎迷失在浩瀚的大海中。當我們航向它時，看著我們的目的地接近，從地平線上升起越來越大時，心中有無比的欣喜！我們的精神百倍直達雲霄，我們現在可以感受到我們那位充滿活力的老朋友能量之島與我們同在，正與我們一起享受這一刻。

我們的朋友告訴我們，那些心靈仍掙扎在二元對立的妄想中，以及傷害或商品化其他生物的人，是不可能到達這個島嶼。它受到保護，因此當我們接近它時，心中感到非常感激和好奇。

我們在岩石海灣登陸，爬到山頂，看到它是一個相當大的島嶼，幾個村莊在我們之下，沐浴在溫暖的陽光下，散發著和平與幸福的光環。我們走到俯瞰其中一個村莊的山邊，靜靜地坐著，開始聽到讓我們熱淚盈眶的音樂。這是一首永恆的旋律，它在我們周圍旋轉，來自空氣本身，向我們表達一種愛、寧靜和超然的歡迎之意。音樂的美妙深深吸引著我們，當我們在聆聽時，我們開始看到有人在我們下面的村莊裡散步，而他們那些輕鬆和流暢的動作，讓我們的心頭隱隱作痛。隨著音樂的起伏，我們眼中充滿淚水，慢慢地融化了我們的內心。這個島上似乎有一定的淨化能力，我們覺得它

正在我們身上運行，卸下我們的抗拒，打開我們內心的感覺。音樂漸漸消失，我們感覺到復甦和振奮。

（關於我們在關係之島山丘上所聽的音樂，請聆聽專輯《光之島》第十五首《實相場域之歌》（Song of the Truth-Field）。）

終於，我們再次感覺到我們老朋友的光，就在我們面前照耀著。我們打開眼睛，感覺到一位充滿愛的人對著我們微笑。

「歡迎來到關係之島！你做得很好才能到達這裡，最重要的是，我們很高興看到你非常享受你的旅程。這才是真正的重點！畢竟，正如你所發現的那樣，你航行得越遠就越進入佳境！」

我們的老朋友繼續說道：

「這裡的人們將熱烈歡迎你。他們很高興你已經安全抵達。過去幾天以來，他們感覺到你，我是來向你解釋他們的生活方式。當然，你可以自由拜訪他們。」

居住在這個島上的人們都去過你探訪過的四個島嶼，他們知道直覺是一種自然進化的潛能，並且將之視為一種技巧並每日精進鍛練。正因為如此，他們可以讓他們的關係提高自己的直覺力，並且讓直覺深化他們的關係。

首先他們透過定期的冥想鍛練，這裡的人們珍惜內在的沉靜，並且當幼兒還很小時就與他們分享冥想的時間，好讓他們理解進入內在的沉靜是一種自然的過程。 每一天的開始，人們聚集在一起冥想和祈禱，集體冥想很重要，被視為是一種給予和接受的方式，個人給予團體能量，團體給予個人能量。

　　很顯然的，當任何人進入內在沉靜時會產生一個療癒的場域，而當兩個或更多人為此目的聚集在一起時，這個場域的力量會呈指數擴展，從而幫助團隊中的人，讓他們能夠比單靠自己時更深入。在這個場域中，因為它是意識一體和相互連結的實相顯化，因此也被稱為實相場域（truth-field）。每個人貢獻給實相場域，並得到它的激勵和支持，每個人都明白，保持實相場域暢通、明亮和穩固是社區健康和活力的要素。這裡的人民盡全力體現第一個島嶼所傳遞的相互連結的領悟，所以這裡有著豐富的能量和意識。他們透過親身體驗領會貢獻的越多，得到的也就越多。實相場域將他們彼此連結起來，並且也與更大的生命搖籃連結起來。

　　最常見的是，夫妻、家庭和大家庭以及朋友和鄰居會聚集在一起冥想，每個人都特別喜歡定期舉行全村和全島的冥

想。除了團體冥想之外，他們還會有個人的冥想，而且每個人會履行獨自冥想閉關的召喚。有些人進入大自然幾天或幾個星期；有些人分散在島內偏僻的寺院；有些人在家裡進行閉關保持一段時間沉默，並且獲得人們的尊重和支持。在這裡每個人每天在內在沉靜的交流，時間是這個島上關係的基礎。這個時間不被視為是一種義務或紀律，因為其中的益處是不言自明的。

透過定期和持續的冥想鍛練，人們體悟到兩個基本的核心價值：個人自由與社會和諧，這不是一種以為的概念，而是要體悟，慶祝和落實的大原則。培養冥想意識自然助長與他人的親密感，以及增加在與他人和睦相處的情況下，完成自己使命的這份自主權，從更高的直覺意識角度，看見個人自由和群體的和諧，支持與成就每一個人，而不再是自我與社會之間或自由與社會約束之間的舊有權衡衝突。

除了在一起冥想，這裡的人們喜歡一起創作，雖然你可以看到一些創作的跡象，例如他們創造的美麗家園和花園，但他們大部分的創作都已消失，不留任何有形或可見的痕跡，不過它仍然活現，並且繼續為實相場域和這裡的愛與靈感的振動貢獻。即使在你離開的那個岸邊，有些人明白所有

創作出現在那一瞬間，但他們仍然花時間唱歌、跳舞、作曲，事後卻沒有發表，或者就像西藏僧侶花很多時間創造複雜壯麗的沙粒曼陀羅，然後在最後完成時將所有的沙子拭去。在這裡的人們明白，喜悅和生命存在於舞蹈與回應的過程中，而不是任何目標或產品所產生的結果，由於他們的自我尾巴很小，所以他們不追求任何紀念或認同，沒有一定要建立物質文明、以此為生或讓人印象深刻的妄想。

在這裡的關係中存在著一種深厚的合作能量，競爭是難以理解的，人們只會幽默以對地看待它，這裡沒有任何遊戲或企業一方必須輸而另一方贏，對於創造性表達沒有評斷，這樣一來，藝術如何在這裡成長？當你探訪村莊時，這點等待你去發現。由於人們對外在物質的渴求極少，因為他們內在生活的回報與愛的關係，個人和團體有更多創作的時間，也就是透過音樂會，展覽、閱讀、製作、舞蹈和慶祝活動來體會。因為他們開啟了與至高靈性的連結，並且定期透過冥想保持連結，所以這裡的人們自然以創造的方式來表達美和感激。他們外在的創作是發自他們的內心，而音樂、藝術和其他創造性的表現能夠表達個人的獨特性，並且支持社會內在的和諧。

　　這裡關係最顯著的特徵之一是他們的心靈感應，最基本的溝通是透過心靈的方式完成的。人們自由地在無聲中共處，感覺別人的感覺、想法和想像力。言談更有效率，是一種藝術的形式，可以自由發揮。人們在很小的時候就明白，他們無法長久對別人隱藏自己的想法或感受，而且整個氛圍充滿愛心，讓孩子們永遠不會有想要隱瞞或說謊的衝動。這當然反映了他們天生的文化；這裡的成年人意識到彼此的想法和感覺，因此對於執行或遵照文化並不會產生內疚或壓力。他們的心靈感應讓他們瞭解彼此與富有同理心，而冥想和祈禱的內在鍛練使真理之路保持開放和光明。

　　每個人時時警惕保護實相場域的完整性，因為它攸關每個人的福利。你會留意到，在這裡你會有種很深的感覺好像回到了家，這是由於強烈的實相場域。人們以持續進行內在交流和落實五大戒律的生活，以及發自內心避免傷害他人的行為來滋養實相場域。

　　飲食是這其中一個重要的基礎。這些的食物來自花園和果園，受到細心的照顧。絕不使用動物作為食物讓它所產生的內疚和暴力污染他們的身體、想法或行為，或者損害島上的實相場域。這一點的重要性一點都不誇大。因為他們只吃

有愛的美味水果、穀物、堅果和蔬菜，所以這裡的人們天生就沒有恐懼、悲傷、內疚或暴力。而且因為他們的關係、創造力和冥想鍛練的回報豐厚，他們不會渴望物質消費。

這裡的關係是出乎本性和愛，雖然似乎人們生活在一個天真、理性發展前的伊甸園單純世界，但事實並非如此。他們高度意識到人們很容易有妄想和狹隘的自我沉溺傾向，以及這些帶來的貪婪、憤怒和恐懼與不可避免的痛苦。他們意識到，意識是宇宙的初始，而能量、物質、文化和關係都源自於此。這是他們揚升的關鍵，透過領悟這點和鍛練警覺和專注，這裡的人民已經成為意識的主人。他們不會沉浸於對教化心智而言，是常態的分離和恐懼的基本心態，而是沉浸在更高直覺心靈認為是常態的連結、愛和自由的意識。他們樂於向別人表示欣賞和感激，帶給他人幸福是他們最大的快樂。冥想聚會通常包含向團體和村莊所有人以及植物、鳥類和動物、世界各地以及整體萬物眾生散發純粹仁慈和愛的能量。

他們的重點在於內心世界。他們發展出一種內在技術，比任何外在技術更能有效的帶來快樂。正如你學會避免把你的手伸入爐火或衝撞樹木，他們學會了避免讓內心陷入憤怒、批評、嫉妒、恐懼和自負；正如你學會不要衝到車水馬

龍的馬路，他們學會了對自己或他人不要心存傷害或批判的想法；正如你學會抬起腳步上樓梯，他們學會了將思維提升至更高的意識，感恩並且享受當天所有的驚喜，甚至對自己的精進感到訝異；正如你學會在喊你的名字時回應，他們學會了善意的回應，看到別人最好的一面，敬重萬物的尊嚴。透過培養意識覺知發展這種內在技術，避免在內心花園培育恐懼和負面的種子。相反的，他們培育真理的種子。

　　這些真理的種子是來自鍛練內在的感受，以及將外表獨立的個體與眾生和每一刻的永恆本源，愛以及恩典連結起來所得到的領悟。這裡的人們瞭解其根本的本質是神聖的，是永恆的和不朽的。結合這些領悟，他們的關係沒有恐懼和侵犯，理解永遠無法從他人獲得任何可以使他們完整或療癒他們的東西。他們明白，自己已經是完整圓滿的。因此，這裡少有所謂的寬恕。人們很少因偏離真理而需要去原諒別人或自己。寬恕只用在來自缺乏自覺文化的人，因為自私的妄想而侵犯他人的情況下才會出現，而寬恕將是立即與無條件的，來自內心的沉靜。諒解即是寬恕。但這樣的人不可能出現在這裡，就像水往低處流一樣，意識也自有其水平。

　　這裡的人們透過冥想，接觸許多其他次元的本體與在這

些次元中的萬物，所以局外人很難理解這些人內在生活的豐富性。他們明白，除了這個有形的地球次元，意識還存在於許多次元之中，而且可以自由前往和體驗這些次元。他們經常來回這些次元帶回療癒和理解，從而減輕痛苦，並且將在這裡對待關係的溫柔和尊重以及生活方式帶到其他的次元。

孩子們從小就瞭解和重視自己的獨特性與潛力，除了親生父母之外，還有許多慈愛的導師。因為他們沒有什麼羞愧或恐懼的經驗，所以這裡的孩子很少有心結需要解開，因此進入深層冥想是很自然的。由於長者珍視孩童的智慧、耐心和經驗，因此他們的活潑生氣和對社區的貢獻受到讚賞。

當一個女人接近生產日時，這裡的習俗就是她會靜靜坐在一棵樹下冥想，直到聽到內在一個旋律，也就是她覺得是即將誕生的生命的獨特旋律，透過她將進入這個群體。之後，她會與村裡的每個人分享這個旋律，到了誕生那一刻，在場的人都會對嬰兒哼唱這首旋律，作為一個熱烈的歡迎。群體中的每個人都明白，他們有自己獨特的旋律、節奏與和聲共鳴，每個人都是獨一無二的旋律，有助於群體的音樂結構。

這個島上的關係是來自更高層直覺智慧所表達出來的愛，人們熱愛共同創作，享受一起走在美景中的靜謐，並且

互相提攜以達到更高層次的意識。在這些社區活動中,人們展現他們的領悟,他們的大我是社區一體的一部分。在這裡,關係中的仁慈和慷慨願景似乎是出乎本性。

　　這個島嶼提供的主要課題是個人靈性修為的重要性。如果沒有馴服思維和鍛練進入靜心、光和更深入的直覺領會,這裡的人們是不可能享受快樂與平和。未經訓練的頭腦充滿誤解,自然以自我為中心、具有破壞力和心生恐懼。它主要是以有形體、思想和情緒來認定一切,並且試圖利用他人或占他人便宜。這個迷茫和虛偽的心智認為它是單獨的,以為這些形式、感覺、覺知和想法就是它的本性,然而這種錯誤的認知帶來無可避免的痛苦。我們在這個島上看到,當人們鍛練冥想和善念到某種境界時,才有能力擺脫分離的幻覺,並且共同創造一個一體的實相場域。這個實相場域,一種全面的慈愛意識,讓一個開明的社會重生,並且支持其成長茁壯與生生不息。這裡的關係被視為是創造美麗,以及將愛散發到實相場域的機會,可以豐富內在相互連結的靈性網絡,這是你在這兒看到下面有形社區的無形基礎,關係在這裡備受重視與呵護。

承諾的關係被視為是培養靈性智慧的有效工具，因為親密伴侶可以揭露和反映一個人隱藏的弱點和優點。在每個人貢獻的實相場域和貫徹日常冥想的鍛練中，這些弱點和優點可以被發掘、修正和轉化。雖然這些承諾的關係是一夫一妻制，是這裡創造家庭的媒介，但絕對不是狹隘的。伴侶們可以將對彼此的愛散發到社區，並且允許整個友誼圈將他們連結起來，讓愛成為實相場域的一個功能，可以支持社區和所有創作，以及持續有意識進化的冒險。

　　在這個島上禪修的生活中，不管是夫婦還是單身的角色都沒有好壞，兩者同樣被視為是有價值的途徑，他們跟隨內心的指引，選擇其一。婚姻有機會深入探索更深的意識層面，伴侶將彼此視為靈性上的盟友，互相協助、喚醒、擁抱和整合自己的內在次元。由於他們承諾一起分享生活中的冒險，因此可以共享那份理解和連結。覺知的伴侶也喜歡共同創作，調和與平衡他們的形象和靈感，透過這種表達與展現陰柔和陽剛活力的互補能量過程，創造出單靠一人是無法完成的全新創作。孩子則是他們創作動力的果實，不僅僅是指肉體形式的孩子，還包括音樂、藝術、詩歌、舞蹈和慶典。

　　有些人喜歡保持單身，並且有更多的獨處機會探索。這

樣的「獨行俠」更是自由，更能成為改革者、夢想家和治療師。單身的生活也會密切融入群體生活的結構，在不斷創新的群體生活中全力發揮家庭成員、教師、朋友和共同參與者等角色。

如果有任何人際衝突的陰影，相關人等會立即將其看作是深化內在理解和鍛練的機會。他們感謝這個機會，不管他們的意識和體驗為何，都是來自自己的想法所造成的，並且努力深入冥想，超越自我分離的妄想。不過他們也可能意識到群體與好友的支持，群體很敏銳，透過實相場域，當任何成員面臨挑戰時會自動地回應。個人是更大主體的一部分，所以他們認為任何個人的任何弱點都與每個人有關。堅定不移與他人「同甘共苦」是一種快樂，因為這是來自他人即是我的更高層次意識。雖然這個島上根本沒有規條，但有共同的倫理，來自內在沉靜實相場域所產生的想法、語言和行為，基本上是健康、有活力與有愛，並且透過落實關係和冥想的鍛練深化直觀智慧的喜悅。當然，這根本不是鍛練，這是一種學習、成長、貢獻和創造的本能衝動。

當我們沉思這些想法、感受和影像時，我們的內心隱隱作痛，意識到我們多麼渴望如此深切有愛與覺知關係的人

類社群和世界，以及這看起來是多麼遙不可及與沒希望，連想都不敢想。然而，透過堅定尋求「彼岸」，我們被引導到這裡，讓自己見證一個致力於直覺生活，並且對過去所學的永恆教誨的真理保持覺醒的社會。當我們俯視下面的平和村莊，我們的內心糾結，發現淚水從我們內心深處湧現出來，因為我們沐浴在終於有種回到家的感覺。即使在遠處，也可以看到這些人是如此的美麗，走路和言談舉止是如此的高貴，他們是如此的正直與放鬆，他們之間的和諧感是如此的永恆與從容。

從小我們學到的智慧，「你們要先求他的國和他的義，這些東西都要加給你們了（馬太福音 6:33）」，如今我們有幸見證這個珍貴的島嶼，意識到這是有可能的，透過對彼岸的追求而得到某種程度的淨化。此刻內心感激不已，感謝這些人堅定不移達到這種更圓融和謙和的生活方式與本性。我們不停地在想「這真的有可能，是可以實現的！」

我們看到有兩個人走向前，微笑著。「是的，是可以實現的」，其中一個人說，熱情地笑著，並且給了一個擁抱歡迎我們。「透過鍛練，任何事情都是可能的！」這兩個人，一個男人和一個女人，閃閃發光神采飛揚，他們看起來幾乎是長生

不老，當他們以慈愛的眼睛看著我們時，眼神和臉龐散發出內心的光芒。現在他們沒有說話，但我們感覺到他們歡迎我們，並且邀請我們一起回到村莊。我們一起走下山，進入一個繁花盛開的植物園，裡面有溪流、瀑布和小橋。我們來到一個陽光明媚的地方，裡面有一個溫馨泥質牆的家，四周開滿了花和樹木，散布在平台、花園、甲板、鞦韆和長椅。這是一個芬芳、具有啟發性和舒適的地方，我們開始探訪這些人持續好幾個星期。有時我們會交談，但大多數是在無聲中，透過實相場域來傳遞影像、想法和感覺。

我們瞭解到，所有關於居住在這個島上人們的一切都是真的。這兒的氛圍放鬆卻又活力十足。我們可以清楚看到直覺對這裡的關係品質，以及關係的發展對直覺力的鍛練都非常重要。關係和直覺相互滋養，就像一棵樹的根和枝。人與人之間的心靈感應創造了一個理解和同理心的自然場域，讓每個人無拘無束。透過鍛練之前「光之群島」教導的直覺發展，這裡人們的關係優雅高尚，遠遠超過我們曾有的任何體驗，這裡的愛顯而易見且令人振奮。

我們想起我們離開的那個海岸，個人自由和社會壓制總

是陷入一種不安和表面勢不兩立的鬥爭，然而在這裡，個人自由和社群融洽這兩者相輔相成。因為人們全心全意鍛鍊，直覺以及與他人的心靈感應讓他們相知相惜。雖然這裡沒有外在的規則，但我們在能量之島學到的基於珍惜和保護他人的五大戒律是這裡的基礎，且他們心誠悅服的在生活中實踐。

人們明白，個人和群體的福利是相互依存，因為我們天生不是單獨而是群居，當我們覺醒與對社群做出有意義的貢獻時，我們會實現我們的目標。人們瞭解，如果有人受到傷害，那麼就沒有人可以從中得到快樂或得利。在這個島上，這種情況是很荒謬的，就像一隻手指傷害或與另一個手指鬥爭以獲取個人利益。人們將自己視為更大的一部分，並在合作和共同創造中尋求快樂。這個更大不是指與他人競爭的公司、部落或國家，而是相互依存、合作和相互支持的家庭、社群和生活網絡。

看到人們如何生活，如何與彼此和我們互動，這實在令人著迷。光身處在像這樣的社群能量場域就具有療癒的力量。到處充滿笑聲和歡樂，放眼望去生氣蓬勃讓人驚訝，而且小細節的美麗無所不在。社區的每一個部分似乎都是一種

表達，所到之處我們看到正念和愛，反映在日常生活中。在家庭中、在美味餐點中、在音樂和舞蹈中，在日常生活和夜晚聚會、藝術創作，以及我們受邀參加的慶典中。

社會互助與自然和諧的精神似乎啟發了他們的行為和態度。在這裡沒有金錢，也不需要市場，因為物質的慾望很少，一切都在社區之間共享。私有財產的概念是分離的表現，他們瞭解這是一種妄想和不必要的。兒童不是被隔離在學校接受教育，而是透過貢獻和參與社群的方式學習。這裡不需要法律、懲罰或政府制度。我們舊式的政府、教育、宗教、軍事、商業和家庭機構的權威關係在這裡是不存在。人們樂於創造、合作，與他人產生共鳴，以及為社會的福利服務，不需要任何形式的脅迫，因為相互依存是隨著直覺意識自然生起。衝突和疾病是微乎其微，被視為是一個成長，同時也是深化愛和理解的機會。

這個島的文化與我們出生／原生的文化不同，在那個文化中，我們有種深深被伊甸園拋棄的感覺，一種不信任，以及控制大自然、動物和女性面的心態。在這裡，我們看到那種享受、尊重和照顧寶貴花園的深刻感受，並且珍惜動物和神聖的女性面。通過實相場域，這裡的人們知道作為全然覺

知的合作者要如何貢獻和享受花園。

　　我們發現孩子們對我們很著迷，比起使用較多心靈感應交流的成年人，他們使用更多的語言式溝通。有一天早上，一個孩子問我們，「這是真的嗎？你們那裡來的人，真的會殺和吃動物、偷它們的牛奶和雞蛋嗎？」我們意識到在這個島上，這對他們來說似乎是無法理解的，我們點頭說，「在那裡沒有人知道有更好的方法，因為每個人從小都這樣被教導，所以是世代傳統的制約，一代傳一代。」一個老人對孩子說：「他們不知道，但這是他們大部分問題的根源。」

　　他們與動物的關係類似他們與彼此之間的關係，沒有動物會被以寵物或以任何方式被擁有。服裝、家居用品和其他東西都不含任何來自動物的一切。動物是完全的自由，我們看到動物在我們四周：鳥、魚、蜥蜴、青蛙、猴子、蛇和許多類型的哺乳動物。由於這些自由的生物從未受到這裡人們的迫害，所以它們不怕人。我們開始明白，動物在實相場域中自然地生活，而人類的任何攻擊行為主要是人類違反實相場域的結果。

　　這裡的人們非常喜愛和享受所有的動物！他們最喜歡的

消遣是撫摸和與自由活動的動物玩耍，和它們坐在一起，相互交流影像和想法，同時還有愛和欣賞。各種動物在周圍漫步，看似獨立卻相互連結，並且全然融入社群本身的意識中。人們喜歡和尊重每隻動物擁有的獨特力量和能力，由於這種愛的理解，動物很少相互攻擊，主要的食物是來自大自然的植物。我們看到人們與植物和動物的互動豐富了他們的領悟和生活。

　　首先，令我們驚訝的是，按照我們的標準來說，這兒的科技水準很低，特別是對於這樣明智、富有創造力和活力充沛的人來說。但隨著時間的推移，我們看到這是一個有意識的選擇，更多的物質科技是不必要的，並且會破壞這裡優雅樸實的生活。因為他們內在生活、關係與創意是如此的豐富和滿足，根本不太需要逃避式的外在刺激。他們還發展一種微妙的內在技術，並且對大多數我們認為的高科技可提供的東西不感興趣。比起追求權力和控制大自然的唯物主義科技，他們更喜歡培養意識的技巧，加深與自然和彼此的連結。

　　例如，透過直覺，這裡的人們可以直接相互溝通情感、想法和影像，即使他們在很遠的地方。透過掌握內在能量和對大自然的愛，他們能夠輕鬆適應廣泛範圍的溫度。透過冥

想，他們可以有意識地離開他們的身體，並在意識中來去許多其他的地方，包括有形和無形。如果他們需要資訊，他們可以直接探訪內在和宇宙的知識庫。

由於他們專注於發展自己的內在資源，因此這個島上的人們幾乎不需要提取和利用大自然的資源。他們完全不需要或想要電腦、電話、空調、娛樂設備、運輸工具、防禦系統和電器設備來節省時間。他們的生活是自在、滿足、冒險，並且充滿富有意義的機會讓人表達、成長和互動。基於直覺的內在淨化是他們生活的支柱，也是他們努力的方法和成果。我們意識到，在物質上，他們確實不缺任何東西，而他們關注的焦點，雖然包含有形，但是不用說，其中還包含其他更多的東西。

我們看到，隨著時間推移，社區也跟著有系統的發展和演變。有些人的家在涼爽的森林；有些人喜歡更高處，享受引人入勝的景觀。過了一陣子，人們往往會交換房子享受改變的樂趣。我們也意識到，這裡的人很重感覺，而且是一種全面性的。他們似乎喜歡各式各樣的感覺，並嘗試各種感官經驗；享受著中午太陽的高溫，夜晚冷風輕吹的涼爽，赤腳

踩在乾燥的岩石和樹葉，以及潛入島上瀑布溪流中的靜謐。因為對生命的敞開，沒有恐懼或內在的設限，他們自然更容易擁抱與接受，並且品味這些體驗，而不是判斷它們與試圖避免某些體驗，同時卻又渴望其他的體驗。

我們留意到這裡有各種種族和族群，人們樂於享受這種差異性。因為每個人知道萬物靈性的本質，更要好好珍惜這種不同形狀、大小、顏色和年齡的多樣性。每個人的本質都是神聖的，所以無需在意與評斷外表。很明顯的，實際上沒有人比其他人更老、更高、更重，或更多的皺紋，因為存在的本質不是有形的。

這種對生命源頭一體的直覺理解，在很大的程度上，深深影響這裡人們的健康狀況。實際上，疾病和疲勞幾乎難以察覺，因為人們與療癒、振奮和調和的意識相連，透過覺知意識，物質／能量可以反映永恆無窮的光輝和生命。健康的關鍵在於領悟到存在的實相即是意識，如果任何人有明顯的疾病，社群會帶著這份理解立即伸出援手，確定這個存在的實相，並且領會個人是永恆生命和諧的顯化。透過明確專注在這個實相，表面的疾病消失，如同在實相場域解開糾纏不清的結一樣，而這可以鞏固個人和社群，並且深化他們對生

命本質為非物質的體認。

更不用說，這裡的人們很長壽、快樂、有活力，以及生活充實，沒有恐懼、憤怒和其他二元分別信念的表現。我們非常羨慕他們，因為他們似乎已經建立了我們在冥想之島上學到的四無量心的家園。

一天晚上，我們受邀參加團體冥想，並且有機會體驗一些社群的內心生活。每個人圍著圓圈靜靜地坐著。經過一段時間，每個人都安靜地坐著，什麼動靜都沒有發生。慢慢地，我們感覺到我們的心漸漸平靜與放鬆，然後感覺到我們那位明亮的老友存在，好像他在對我們私語。

若要更深入與這群人連結，你一定要放下你的想法！

當我們與熟悉的存在意識連結時，所有的鍛練全在這一刻得到回報，房間開始變亮了，我們再次聽到老朋友的耳語。

你做得很好，我們只會推你一把。

當我們聽到這句話後，開始感覺到我們的注意力越來越集中和專注，能量越來越高。即使我們閉著雙眼，我們內心看到一個美麗的綠色場域，團體中的每個人都以自己的方式出現在這個場域，閃耀著愛的光輝，我們感受到他們對我們

的到來表示祝賀，並且熱烈歡迎我們。

　　我們一起玩遊戲，一個人舉起發光的手臂，好像看到有一隻發光的鳥從他的心裡出來，並且飛到他的手上。透過一個手勢，他釋放這隻發光的鳥，而這隻鳥又飛到別人的手中，變成輝煌的黃色。看著這隻鳥從一個發光的人手上飛往另一個人時，每次都變換顏色，從深具活力的藍色、綠色、紫羅蘭和粉紅色等，真的令人眼花撩亂。我們注意到她的飛行節奏越來越快，當鳥停在我們的手上，從薰衣草變換到亮橙色，並且再次飛起來時，我們感受到一種愉悅。有一個明顯的感覺，這種感覺是他帶著愛來到我們面前，然後再帶著我們的愛飛走。現在更多的鳥開始從別人的心中出現，每一隻都是一個愛的訊息，飛來飛去，連結我們的圈子。我們正參加一個奇妙的景象，各種顏色的鳥從一隻手飛到另一隻手，在他們飛來飛去時旋轉著，交織成一道五顏六色的光，這道越來越強烈的愛將我們所有人連在一起。隨著這道光越來越複雜，交織的光線也越來越明亮，最後到了某一點，光的強度和我們感受到的愛、喜悅變得幾乎讓人無法抗拒。

　　多束光將我們包圍、連結與合成一體，在這個光的矩陣內，鳥兒突然飛進中心融合成一隻更大充滿活力的白光之

鳥。在這種情況下，我們同時與圈內的所有人結合，被一道生命之光貫穿，儘管我們表面是分開的，實際上我們是一道光。這種歡欣鼓舞的喜悅流經我們全身，並且隨著我們對這個合一敞開，我們感覺到在這道光之網絡中的每一個人，注意力集中在輝煌的鳥。透過這道光，我們的意識成為一，我們自己也揚升和淨化了，我們感覺到群體對慈悲和療癒的渴望越來越多，而這個渴望所在就位於鳥兒的心臟。隨著祝福世界的渴望越來越強烈，我們似乎在餵養這隻鳥，而她也漸漸擴張，就在我們之上，越來越大也越來越明亮。它用強大的翅膀跳起來越過我們，它的翅膀在我們上方打開一扇通往天空的大門，我們所有人都跟著鳥，穿過一道光線，在經過幾分鐘的旅程，看似極快的速度，我們進入一個充滿光的世界。

在光之山頂，周圍是光的建築物，有圓形和放射狀。我們看到住在這裡的人，高貴祥和，身穿光之長袍。他們歡迎著我們，帶著幽默和喜悅的光芒，邀請我們別客氣不要拘束。我們飄浮起來，靜靜地探索這個光世界的奇妙之美。建築物之間散發著彩色的光，以及閃爍著光的噴泉和小河，就像水一樣摸起來清涼，並且有許多顏色的魚在其中游來游去。

我們直覺地感受到魚的喜悅，留意到各種彩光的樹木和灌木叢，花和水果如寶石般閃耀著，好像是一場色彩與美麗無止盡的展示。鮮豔的鳥兒在我們身邊、在樹林間飛翔，閃閃發亮和散發著光芒。它們甜美、快樂的歌聲讓這份和諧提升至另一個次元，整個明亮的氛圍都瀰漫著愛。所見之處，我們看到並感受到美麗、和平，以及慈愛的光芒。我們渴望在這裡逗留，完全沉浸在其中。

在一陣愉快的間隔之後，大鳥飛過我們呼喚著，它的翅膀又再次打開一扇門，我們感覺到自己和它一起進入另一個通道，很快地我們到了另一個世界。我們再次坐在一座山丘上，旁邊有一個建築物，周圍有許多人，但是他們正在受苦。我們需要一些時間來適應這裡的恐懼和傷亡的沉重頻率共振，但很快的我們正處於一個正在經歷戰爭的貧窮國家。很明顯的，這裡的人們看不到我們，我們立即在他們之間移動分享愛，並且清楚地看到他們也是心靈純淨的人，雖然他們正在受苦，但最終他們不會受到武器或失去財產或親人的傷害。現場非常混亂，我們看到男人、女人和孩子們急忙逃離一群武裝的男人，他們似乎對我們送給他們的愛完全茫然，一心一意只想逃跑，而武裝人員也同樣茫然，因為他們正在

追趕這些人。

　　即使陽光明媚，對我們來說似乎相當黑暗，因為悲傷和憤怒的灰色和紅色雲層，四周瀰漫著恐怖的氛圍。我們可以清楚地看到這些情緒的能量領域，從交戰人群中湧現的思緒，凝聚、碰撞，進而反過來又影響人們，使他們更加悲傷、恐懼和憤怒。我們突然看到一個女人受到致命性的射擊倒下，然後又從倒下的身體升起，就像留下乾枯的皮囊一樣，她閃閃發亮環顧四周，自由但有些迷惑，於是我們傳送愛與和平給她。現在她可以看到我們，朝著我們的方向過來，然後，受到內心的驅動，她離開我們消失在遠處。我們看到我們島上所有朋友，將愛與真理之光照在這個悲劇的場景，忙著幫助那些意識到他們不再是有形肉體並脫離身體的人，協助他們離開這個地區繼續前進。

　　我們生命本質上是意識的表現，而這種意識超越生死。在那裡死亡，意識仍然繼續，並且在這裡誕生。在這裡死亡，它在那裡誕生。它沒有性別、年齡、種族或身體特徵。思想、言語和行為的結果對我們來說顯而易見，正如生命本質上為物質的妄想是一條造成痛苦之路。這個場景是一個更大景觀的一小部分，它涉及許多其他人的意識：其中涉及公司、政

府機構、銀行、軍事組織和武器製造商等有關人事物，而這些所有人都被連結與困在這個他們共同創造的巨大妄想網絡中。在我們眼前演出的戲劇裡，痛苦和苦難想必是真實的，我們感到心痛，同情這些受苦的人。不過我們也看到，即使在這個黑暗的劇場，還是有愛、勇氣和關懷的行為與感覺，因為人們會互相幫助，有的人甚至願意犧牲自己來拯救別人，看到這一切都令人印象深刻。

最後，我們離開這片混亂的世界，飄到附近一些農場。與幾乎沒有留意到我們的成年人相比，這裡的狗、豬、雞、牛和貓在我們經過時會轉身看著我們，還有一些小孩子也是一樣。我們向他們敞開心扉發送愛，並且享受他們的立即回應，同時看到並感受到他們傳送過來的善意。

巨大的白鳥在我們上空伸展翅膀，我們和它被拉到一個光之螺旋漏斗裡。我們進入並且似乎在瞬間加速，直到出現時，看到我們的身體與其他人坐在冥想室的地板上。突然間，我們回到自己的身體內，放鬆卻又驚訝於我們剛剛經歷的事情。所有人看著彼此，面帶微笑，再次向每個人打招呼。我們感到與社群這些關懷有愛的人有很深厚的連結，我們感謝剛剛得到的學習。

第二天早上，我們坐在沙灘上沉思和整理在前一晚的團體冥想經歷時，我們的老朋友突然與我們再次同在。

　　你好！意識到生命不朽是否讓人感到振奮？而我們是永恆生命的表現，本質上永遠不會退化、減少或失去任何東西？正如你發現的那樣，我們什麼也沒有，什麼也不缺，我們從來沒有與出現這一切的本源分開過。所有生物都息息相關，我們都是永恆生命的孩子，你已經知道當我們記住這個真相，並努力深化對它的理解會發生什麼事，以及當我們忘記且不曾努力記起來時，結果又會是如何。天堂和地獄可以看作是由心靈產生的狀態，關係是我們心靈的鏡子，關係可說是基本上反映了我們意識的品質。

　　看到你的生命成為一種超越個人愛的表達是一件很美的事情，你的生命不再是你個人的私事。你在這裡是要協助治療和祝福世界，並成為你內在之光的工具，透過喚醒你的實相，你將進入更高的境界。從外表看來，沒有人可以看到你透過實踐在失落群島中學到的教誨，從而累積在意識中的寶藏，也沒有人可以把它拿走。

　　看到這樣的苦難雖然很痛苦，而且又不能忽視或冷漠拒絕，但是你也在學習看穿、超越這一切其中的真理，成為療

癒和激勵他人的一股力量。還有什麼比這個使命更偉大的？
所有生物在宇宙意識的智慧中是相互關聯的。跟隨你內心最
高的召喚堅持不懈，當你放下你那有形的外殼時，你肯定不
會後悔。

　　在告訴我們這些之後，我們的朋友散發愛的光芒給我
們，然後消失。帶著這份感激，我們品味著這些想法和這個
島上顯而易見的慈愛實相場域。我們在島上待了幾個星期，
深入瞭解這裡的人民，深化我們對他們智慧的理解。我們花
時間溝通和討論，並與他們進行更多的內在旅程去到不同的
領域。我們渴望留在這裡，放鬆、貢獻和學習。看來，我們
已經旅行很久了，實際上我們可以無限期待在這裡，這裡的
人們歡迎我們，我們可以在這個迷人的地方平靜地冥想，這
裡有豐富的水果和美食，氣候宜人，還有啟發人心的文化。
這裡看起來似乎是我們未來的文化生活，它在召喚和啟發我
們，但是，這仍然是在我們的未來。

　　在沉思一個下午後，我們決定放下一切思緒進入沉靜。
當我們保持在純淨的意識之中，超越思想和想像力時，我們
感覺到能量提升，越來越明亮，同時還有一種幸福和自由的
感覺。就是這樣！每一刻都是美妙的，有一種強烈的希望，

希望世界上每個人都能夠領悟這種實相，希望減輕痛苦，並想辦法讓他人正視我們在這些光之島上學到的東西。

當我們靜靜坐下來思考這一切，看到一個內在的景象，因為這一切都是一體的，我們看到，很久以前離開的那個岸邊人們的生活。我們看到城市、公路和郊區、監獄和庇護所、屠宰場和戰場、工廠化農場、飼養場、貧民窟、飢餓的孩子、醫院和無家可歸的人。我們看到大學、教堂、辦公大樓、礦場、商場、工廠、村莊和社區。

我們看到、感覺到和聽到污染和煩惱、絕望的渴求、大自然巨大的變化、無休止的鬥爭和衝突，這一切好像人們心中一場巨大、混亂、盲目的鬥爭，然而，在這一切的裡面也有如寶石般閃閃發亮的光。我們珍惜這些亮光，理解它們對智慧和溫柔的熱切渴望，以及在這些方向上所做的一切努力。這些閃光在苦惱的掙扎中顯現，我們覺得它們正在召喚我們。此刻前所未有的強烈感，內心升起一股巨大的渴望要保護那些受苦受難的人，而這股衝動督促我們要上路前往彼岸。我們渴望完成這個旅程，並且分享我們學到的東西。現在我們清楚明白，是時候繼續前往下一個島嶼，不管我們在

追求彼岸的過程中會遇到什麼。

張開我們的眼睛，我們內心非常感動，看到有二十位來自村裡的朋友加入我們，靜靜地坐著，意識到我們剛剛做的重大選擇。一些鳥兒、兔子、松鼠和其他生物也加入了我們，此刻沒有在我們身邊的其他人，正透過實相場域與我們連結。這是一個讓人感動的時刻，看到他們如此覺知和關心，不管我們選擇留下或離開，他們都熱情的支持我們，以詼諧的方式傳達我們連結彼此與超越有形距離和時空的實相。此刻無聲勝有聲，我們在感激與發自內心的喜悅和愛中產生共鳴。

經過多天的冥想、放鬆和更完全連接我們的願景後，我們覺得是冒險的時候了。我們向大家道別，靜靜坐在一起，平靜地聆聽內在流動的音樂。內在的光照耀著，我們感謝這些美麗的存在，感受到與他們如同家人般的連結，是如此的永恆與神聖。

後來，當我們沉思在這個關係之島上所看到的一切時，我們隱約看見關係網絡擴及的層面，以及它是如何以多面向和必然的關係網絡涵蓋每一個看似分離的眾生。再次，我們開始聽到音樂。當我們這麼做時，開始留意到我們的呼吸，

透過呼吸，我們更加意識到我們與呼吸這些空氣的所有眾生的連結，以及隨著每一次吸氣，在無數眾生體內發揮作用的分子也與我們連結，並且貢獻給我們的身體。隨著每一次呼氣，都會更加意識到，我們將從我們的身心釋放分子，並且會與其他眾生的身體結合。我們以充滿愛心的能量呼氣，祝福這些無數的眾生，就如同我們允許自己向外擴展深入這個網絡，覺知那些對我們生命做出貢獻的眾生。我們意識到，所有萬物的生命都會以某種方式，透過這個龐大相互聯繫的網絡觸動我們的生命。

我們聽到的音樂是生命無限相互關聯的音樂。在一些傳統中，這種實相交流的冥想被稱為「寶石網」冥想。宇宙被視為一個巨大的網絡，我們將每一件事物或事件被看作是一顆寶石，是這個無限網絡中的一個節點。然而，在整個網絡中，每一顆寶石都連接著其他的寶石。萬物基本上是相連如同家庭，在時間與空間中蔓延，每一個事件會影響每一個事件，沒有什麼是分開的，萬物都是以理性無法理解的方式相互連結與互相貫通，而直覺更高的知見可以喚醒。**如果一個人仔細觀察任何一顆寶石，就可以看到，這顆獨特寶石反映出網絡中所有的其他寶石。如果一個人看得夠深入，那他就**

可以看到每一顆寶石包含的多樣性，以及每一顆寶石包含的輝煌整體性。

望著超越靛藍色翠綠的湖水，透過這個島揭示的實例和我們周圍流動的寶石網音樂聲，每一個音符都是唯一的，它們一個接著一個使音樂變得豐富多彩，讓心中制約的牆再次倒下，並且敞開心靈領會完善關係的本質。

（關於這首音樂，請聆聽專輯《光之島》第十六首《寶石網之舞》。）

Chapter 6

The Island of Compassion

慈悲之島

繼續啟程，離開這個島嶼，這個親愛的島嶼，再一次我們發現淚水流了下來。離開新朋友和他們非凡的村落，這真的令人難過不已，但是我們有一個使命召喚我們前進。我們很感動，他們全都來到海灘，感謝我們的探討，送給我們禮物，當我們的船駛離時，他們在岸邊向我們揮手道別。

　　與他們生活的日子喚醒我們對人類直覺生活潛力的全新認識，然而可以肯定的是，與他們在一起的記憶將會與日俱增，不過，我們不禁懷疑，是否還會再回到這個美麗的島嶼。我們回想那句明智的話：「你們要先求他的國和他的義，這些東西都要加給你們了」。在意識中，透過冥想，他們存在於我們的意識中，我們可以探訪他們，帶著他們一起旅行，透過實相場域，我們大家是連結在一起的。

　　進入更深的水域，回到過去的充沛精力。地平線向我們招手，我們的冒險之旅呼喚我們向前。時光流逝，我們再次練習航行的冥想，讓海洋和天空引導我們放在船舵上的手。到達彼岸前有六個光之島，最後一個，第六個被稱為慈悲之島。當我們繼續航行時，我們很好奇距離最後一個島嶼還有多遠，也許我們可以繞過它一路直達彼岸！

　　我們開始注意到許多螺旋的影像，開始出現在我們的夢

境，有時在冥想中：各式各樣的螺旋影像自然流動出現在我們面前。我們看到圓圈變成螺旋形，當我們在它們下面旋轉時，我們看到它們的深度。從更深層或更高的角度來看，那些看起來像在盤旋的表面實際上是螺旋形，所見之處都是螺旋影像，在雲層中、在水中，以及船上的繩索和木頭。圓圈和螺旋的影像在我們內在和外在世界跳舞著。

　　漫長的日子讓我們有時間沉思，我們在探訪過的五個光之島上所學到的一切，並感受到我們是多麼幸運可以找到它們。有時清晨在甲板上冥想，我們可以感受到能量之島那些老師們的光臨，他們愛的支持讓我們記起，在內心我們與生俱來的喜悅，而這份喜悅充滿這個世界。我們感覺到寶石網在我們的領悟中閃爍著，催促我們超越舊有的覺知慣性。一切都是連結的。

　　隨著繼續航行，我們開始有一種奇怪的回歸感覺。一開始讓人感到不安，因為我們還在前往「彼岸」，但是這種感覺與日俱增。我們很久以前離開的海岸的強烈影像有時會自動的出現，在我們周圍轉圈和螺旋式旋轉。

　　最後，我們看到地平線上遠處的陸地，不久，當我們接

近時，我們看到了船隻。沒錯，我們看到離開前往彼岸時那個港口城市熟悉的地標，心中難免失望，卻又混雜著一種奇怪的歡喜。我們靜靜地坐下來，沉思我們在冥想之島上學到的東西。我們再次感受到熟悉閃光的顯現，很快的，我們感受到這份慈愛的氛圍正在安慰我們的失望。

我們聽到溫柔的聲音，「是的，你的旅程帶你繞了一圈，或者倒不如說是一個螺旋，你再次接近你的人民的土地，他們居住的陸地也是一個島嶼；它是你尋求彼岸旅程中的第六個也是最後一個島嶼，稱為『失落的慈悲之島』」。

在這個慈悲之島，你所學到的一切都可以深化，你可能會找到新的方法來淨化你的鍛練和理解。這裡的日常生活之火有其神祕之處，可以暴露你在島嶼朝聖時所發現的內在黃金中任何的雜質，好讓你可以進一步精進。當你的心智夠清明，你的心夠大，你的尾巴夠小時，你一定會發現並且進入彼岸。方法是透過慈悲，對所有需要療癒的一切；方法是透過這個世界。雖然你也許希望永遠離開這個你出生的島上所有的衝突和痛苦，但是最終這個島嶼正是開啟自由和智慧的大門，一旦你真正的領會，現在也許你已經有能力可以做到了。」

　　你已經意識到，所有的光之島都是以神聖教誨的夢境存在，就像在「物質」「能量」「意識」中升起的神祕一樣，而這個島嶼也是一個神聖的島嶼。同時間，這些島嶼也絕對是真實的：「你被召喚去發現它們的本體、它們的使命和你自己的實相，以及最終本質的實相。你有工具和內在資源可以領會這個島嶼及其教誨，祝福這裡的人民，並且透過每個人事物中的光芒得到祝福。透過這些，你可以透過愛和理解重塑過往的問題，將之視為療癒整體的機會。」

　　我們不必試圖記住所有這些工具和資源。它們已成為我們的一部分，只要繼續鍛鍊學到的一切。你正在學習融入它們，改進它們，使它們落實在生活中。你一直精心照顧的小植物已經成長為一顆堅固的大樹，可以提供許多人庇護、滋養和靈感。千萬不要害怕讓內心的光照耀在這個慈悲之島上，這裡非常需要光，這正是你在這裡的目的！

　　有時可能有強大的干擾力量和恐懼圍繞著你，記住，你現在內在已經培養直覺生活的關鍵，你學會了如何提高自己的能量，並且鍛鍊進入讓分離的虛幻之牆崩塌的意識聖殿三摩地的技巧，你意識到你的本質與生命源頭是一體的。從鍛鍊聆聽內在，你已經發展生活在正念、專注在每一個時刻、

每一個動作和感覺的能力。你已經體驗日漸增加的喜悅、自由和覺知，這一切全是基於培養對外在世界的尊重，以及對內在世界的創造想像力和領受力。

　　你要學習和表達的慈悲是來自於這份領悟，這不是替別人感到難過或修補他們，好像他們被打破一樣，或者視他們比你脆弱而幫助他們，而是體悟到你的本質與他們相連，在他們可以意識到的層面服務他們，同時記起和尊重他們永恆神聖的本質。你現在更深刻體會到，儘管所有的痛苦都是一場夢，最終每一個人都會被喚醒，不過，對於正在體驗它的意識而言卻是完全真實的。透過敞開自己，不要低估他人痛苦的文化敘述，你可以理解，並且更有效地釋放痛苦。為了祝福他人，我們要努力讓自己從妄想中解脫；為了要釋放自己，我們要努力祝福別人。

　　透過這一切，你的直覺可以得到滋養和擴張！你在別人身上看到自己，以你在自己身上看到更多別人，那五大戒律就更自然地體現在你的身上，你的能量將會愈來愈強與明亮，可以為這個世界帶來療癒。你會發現這個慈悲之島上的心靈氛圍比其他島嶼更加沉重，所以每天鍛練冥想兩個半小時是有幫助的。

　　每天十分之一的時間鍛練冥想可以激勵你的直覺指引系統，並協助確保你日常生活中的船隻繼續朝著彼岸航行。隨著時間和鍛練，你可能會聽到並見到彼岸的召喚音樂和存在，它一點也不會太遙遠。當你仔細聆聽他人，或情況，或你自己的心，你的直覺將得到滋養。當你更真實感覺到與他人和你的源頭連結時，你的慈悲心或許會增加，這是你付出、祝福和創造的動力來源，同時也是你保有長久喜悅與和平所在。

　　你對自己生活方向的信心，感受別人想法和感覺的能力，對周遭能量品質的敏感度，以及協助療癒世界的承諾，都可以在這個充滿挑戰的島上成長。你的言行舉止都帶著你的理解和你的意識之光。最終，你可能會穿過這道門，離開個人的領域，你與生俱來的自由會因跳脫了二元分別慣性而自在地流動。你將成為宇宙慈悲和智慧明確的化身。正如你在領悟之島學到的，智慧就是看到連結的能力，而直覺則是所有智慧之母。

　　也許你可以鍛練光之島旅程中學到的東西，直到你的鍛練不再是一種鍛練。隨著妄想的尾巴消失，直覺和慈悲將更容易擴展，你將成為它們的化身。現在正是你更深刻體驗生

命的大好機會，探索自己的奇妙之處和這個美麗的地球，並且為了眾生的利益，致力開展至高無上的內在。

這個失落之島上的苦難和暴行、侵略性和競爭、巨大的妄想，以及人們的防衛，很容易讓人不知所措。人定勝天的信念導致他們對所居住的美麗島嶼無情的濫用，無知的力量在這裡顯然是很強大，通常控制著媒體、政府、商業、教育和宗教。這些無知的力量正是忽略互相依存（interbeing）這個真理的結果，而它們將隨著存在的光芒而消失。真理之光是不可抗拒和永恆的，這是未來必然的呼喚。

我們有可能長期忽視和否認存在的真理，但不可能永遠忽視。小我的力量其實相當有限，我們要謹記，每顆心都有神聖之光的種子閃耀著。當你說話或看著任何人時，都抱持著這種信念。只要你在這個人生旅途中精進，你就是在貢獻。無論外在多麼困難，你都可以努力將這些困境轉化為更深刻的領悟。請堅持鍛練你的冥想和五大戒律：這些是你的基礎和生命線。如果你需要我們，請召喚我們，我們就在這裡！

還記得那頭牛吧！讓它無法進入自由之地——這個彼岸的只有它的尾巴。要發現彼岸要透過服務，並且進入與安住

在當下。當你理解心靈的許多牢籠時，你可以透過你的光釋放別人得到自由。你現在準備好了，可以大步向前，分享美麗和真理，無論代價為何，你將到達彼岸！記住，彼岸近在咫尺。事實上，你會發現你不可能實際到達彼岸，因為這個想要到達彼岸的「你」是這條試圖要穿過大門的尾巴！「放下過去的故事吧，彼岸永遠在眼前，它就在你的手上，在你的內心，這是你的本質，我們與你同在！」

　　這些話的力量和愛觸發我們內心一些東西，當我們的視野變亮時，我們感覺到另一層面紗被揭開了。我們感謝那位明智的老師，並且仔細觀察我們眼前的場景。港口就在前面，隨著我們的船靠近，我們聽到音樂在波浪中輕輕流動對我們訴說著。或許這是一段古老記憶的音樂，隨著時間不斷旋轉，現在觸動到我們，就在我們經過探索光之群島後蛻變回到我們人民的身邊。它的源頭是未知的，但它似乎將我們與一份直覺領悟連結在一起，那就是我們的歸來是更偉大的一部分，並且當我們在慈悲之島上繼續我們的彼岸之旅，我們將會擴展新的連結與發現。我們感覺到我們的旋律是交響樂的一部分，在一場壯麗的音樂盛會中，我們渴望貢獻和理解，我們聽到的音樂讓我們想起我們在這裡的本質，以及超越這

個物質世界的本質。

（若要欣賞靠近港口時聽到的音樂，請聆聽《光之島》專輯中的第十七首《回歸之歌》（Song of Returning Home。）

　　當我們的船駛進港口，是一種熟悉又陌生感覺，彷彿我們好像在做夢。四周的船隻在加速，珍貴的空氣被煙霧所污染。沿著碼頭拿著釣竿站立的人，海水在這藍色的天空下閃閃發光，然而，莫名的苦難似乎像毯子一樣蔓延在這片土地上。我們看到眼前動蕩的海水，但也看到這裡的巨大海洋，並且感受到內心的慈悲力量正在增長。最後，我們將船停好，走進城裡，就好像我們來自另一個世界。多麼驚人的景象啊！每個人都好匆忙！我們感到非常震驚，社會灌輸的思想無所不在，競爭的情況如此普遍，以及思索該怎麼做才能真正保護動物、兒童、低層和後代子孫不再受到虐待和剝削。看到這種不必要的痛苦，我們看到那些尚未領悟自己的存在是輝煌的人，彼此奴役相互競爭與壓迫，並且種下更多妄想的種子。

　　這幾乎超出我們所能承受的。同時，我們感覺到每一種情況都值得我們關注。看看我們面前的場景，我們看到就像

所有的情況一樣，它們包含了覺醒的種子，可以促使心靈理解相互連結的真理，以及所有生命的表現是神聖的。我們非常感謝眼前的這個啟示，原來它一直都在，只是我們尚未覺醒看不到，直到我們離開這個港口，跟隨我們的心尋找彼岸橫越海洋。

我們的內心激昂，當我們意識到我們回到了家，這是我們的任務所在，服務和喚醒的機會。我們現在更自由了，我們沒什麼要證明，也沒什麼可以獲得或失去的。我們現在只有一個目的：「讓我們心中的光閃閃發亮，並且照耀每一個人，這道光是我們的源頭和我們永遠的家。雖然我們表面輕輕地微笑著，但內心欣喜若狂。我們發現了我們最珍貴的資源，直覺揭示相互連結的隱藏模式，喚醒了內心深處的慈悲心」。

聖人和先知的話似乎在我們心中翻攪，話中的意義變得更加清楚。我們和萬物——是永恆完整的，這個真理永遠不會改變。我們的任務是進一步敞開直覺的智慧，並且看到每個人內在至高無上的光與之互動，為他們指引跳脫內在妄想與壓迫系統，以及通往覺知的道路。.

這個島上的實相場域似乎被埋藏在另一個強大的場域之下，一個黑暗恐懼的場域。這個恐懼的場域廣泛深入，我們感受到「綜合軍事工業」、「醫藥」、「媒體」、「金錢」，以及影響人們日常生活的文化傳統等促使這種恐懼日益壯大。然而，穿過這一切，實相場域依舊閃耀著。我們可以在場景中感受到某些人們在言談舉止間的一些微光與潛力。我們再次微笑著，看到無處不在的光芒，我們衷心渴望祝福每個人，越是創傷和黑暗的地方，祝福也就越多。

　　我們意識到我們何其有幸展開一段光之群島的旅程，而現在更意識到我們源頭的這個海岸實際上就是慈悲之島，這個直接通彼岸的最後一個島嶼。一直以來，我們備受愛護和守護，現在是時候換我們回報愛與守護，並且在我們日常生活中體現所有的領悟。

　　我們過去的生命已經瓦解，新的生命正在誕生。我們的旅程仍然繼續，當我們在這個龐大且複雜的島嶼生活和努力。我們的旅程正是我們的鍛練，它是五大戒律與相互連結的實踐。正如我們在冥想之島學到的，我們的生命是將我們每個思想、言語和行為，調整至與我們直覺認知的領悟一致：「我們不曾分開，無限生命是我們的母親，我們的本質是自

由的，永永遠遠」。雖然這些經驗之談遲早會淡忘，但我們看到這頭牛站在門口高貴地向前走，進入了自由之地。天空變亮了，鳥兒在歌唱，樹林在早晨的微風中擺動。我們深信每個人都可以解脫，我們盡我們的本分全力以赴，無論召喚是什麼，知道去做就對了。

　　再次進入這個珍貴的慈悲之島的生活，接受它作為我們前往彼岸之旅的延伸，我們聽到她的迷人音樂縈繞在我們身邊，遍佈地球，越過無數的海浪。

（關於這首音樂，請聆聽《光之島》專輯中第十八首《關懷地球之歌》（Song of the Caring Earth）。）

尾聲

The Intuitive Imperative

直覺的迫切

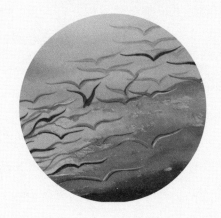

自古以來，無數朝聖者越過海浪到達光之群島，這趟真理之旅是跨越無形的領域；在我們的渴望和我們的直覺，以及在我們與前人的智慧和精神連結的協助下，我們每個人都被召喚引導我們的船前往彼岸。這是我們所有人必經的生命旅程，儘管對大多數人來說，日常生活的紛亂和當務之急似乎成為這個旅程的最佳藏身之處。

有意識地展開這種自我探索和培養直覺的冒險，可被看成不只是保留給少數心靈的自選奢華之旅，而是，這似乎是我們的文化和物種不可避免的旅程，在這個旅程中，我們都要啟動我們的船，為了進一步發展，以及在科技破壞的影響下生存，我們需要開發更高的直覺領悟，以看出我們被制約思想而無法辨認的連結。

在追求權力的同時，二元分別的理性和簡化理論的科學提供我們表面控制大自然和動物的能力，以及為自己的利益操控大自然的過程，但我們這種以單方發展的方式所付出的代價就是大自然、動物、彼此之間的異化增加，我們的環境惡化，以及我們有效解決一手造成的困境的能力退化。我們少了直覺認知和揭示生命相互連結的改革能力，我們的世界變得平淡與自我中心，我們失去與神聖生命網絡的連結，以

及失去內在的智慧、慈悲心和心靈的完整性。我們已經成為把事物分開的專家，並且切斷我們與大自然的關聯，然而，我們感覺到直觀的當務之急是全面促進發展我們對生命相互依存的領悟。

　　無論我們鍛練什麼，久而久之自然會成為老手。幾世代以來，我們切斷了與大自然的連結，將我們的感受與我們的行為分開。這種做法的核心從我們小時候在吃飯時就學到了，我們要將我們吃飯的行為與我們在吃受虐動物肉體時的本能厭惡感分開。由於這種切割已存在數百年，並且深入我們的文化和所有的機構，我們創造了這種失去連結、助長競爭和暴力，商品化人類、動物和生命的生態系統，追求統治和控制的系統，並且將動物和我們自己囚禁在恐懼的鐵籠中。

　　我們要如何釋放自己，協助別人療癒這種失去的連結，以及釋放我們內心潛在的關懷和喜悅？正如一切事情一樣，關鍵似乎是鍛練。擴展直覺要透過冥想培養專注、用心聆聽和建立連結、而生活可以提供我們許多發展直覺的能力。正如我們現在所理解的，這種連結的鍛練在內在層面涉及培養感受敏銳的心靈，而外在的層面涉及培養我們對別人善意和

尊重的態度與行為。當我們深入思考、深入聆聽、深入瞭解與他人的關係時，我們會發現這之間的連結，而這也可以滋養我們的直覺智慧。直覺和慈悲似乎是分不開的，而且可以協助我們擺脫自我沉溺和萬物是獨立的個體，或者更糟糕的是，只是商品的妄想。

今日的競賽似乎是介於強烈的破壞力和基於二元分別與唯物主義的固有思維，以及我們以直覺和互助為本，發展至更高心智的能力之間。如果我們繼續加強、教育和鍛練簡化主義和以自我為中心的態度，或許短期我們可以從中獲利，但是我們可能會因此失去和平、公義、美麗和意義，更不用說還有生態系統、健康和一個充滿生機的未來。

在努力培養直覺的過程中，我們聽到我們的進化以及我們與生命徹底相互連結的召喚，而這個召喚是直覺迫切的推動力。將我們與覺知意識分開的只是我們的妄想尾巴，透過鍛練光之群島古老與永恆的教誨，特別是五大戒律和提升能量的方法（Chapter 2 能量之島 P.79），以及冥想和創造想像力的技巧，我們可以學會更直覺地生活，並且貢獻自己打造一個關心每個人更加開明的社會。

直覺的迫切推動我們前往內在的彼岸，是天生進化的動

力。我們都是生命，慈悲是我們的真實本性。這種領悟有助於淨化我們的思維和使我們的言行一致，當我們有了這種領會，我們的內在航行可以持續，並且擴展和體現在我們的外在世界。

最終我們會意識到，存在本質上與生命是分不開的，萬物的精神和倫理演化取決於我們。我們被召喚培養內在更高的直覺領悟力，就像種子一樣。或許我們的每一個細胞正在，而且一直都在呼喚我們朝這個方向努力。

也許我們的旅程充滿挑戰，但我們的心靈智慧總是可以告知和導引我們的生命，並且為我們提供鍛鍊所需的協助，以確保我們的旅程成功。我們是海洋，渴望容納所有的河流，我們是河流，渴望到達海洋。

這些訊息漸漸消失，而旋律、節奏與和聲仍然縈繞於心迴盪不已。

最後的祝福

　　親愛的讀者，感謝你對培養直覺和療癒世界的用心，認真閱讀來到這裡。願你們的努力開花結果，為你和你的親人，以及萬物帶來和平、自由與智慧的祝福！

從【世界和平飲食】航向『心靈直覺的祕境』

　　2016 過年時，無意中在診所翻開一本叫做《和平飲食》的書，當時我只知道，心覺醒基金會正在推廣吃蔬食，目的是讓愈來愈多人重新找回慈悲心，有了悲憫之心，就能自然理解我們對待動物產出的食品是用多麼殘酷生產方式，會讓人開始覺醒吃蔬食……，我開始翻開來看，驚奇的是，這位作者，講的不僅是從哲學、動物權利等我已耳熟能詳的資訊，他甚至以數學統計的數據，（如用小麥餵乳牛的份量遠比我們想像的多好多），許多林地被砍伐只因為要改種植小麥，這樣一來，吃葷食又間接的嚴重破壞生態平衡了；書中許多豐富又實證的例子，讓我當下決定一定要聯繫上這位塔托博士，唉呀，雖然知道過去我寄了許多信件想邀請知名的作家來台灣辦活動都無法成行，但我就是知道這位博士一定跟我有緣。

　　回家後，我在網路上找尋這位作者的聯繫方式，才發現原來這本書還是全美亞馬遜網路書店的暢銷書籍，帶著更加喜悅的心情，在小年夜發了第一封邀請信給塔托博士，當時我只覺得他如果不回應我，我會一直寫，或是透過其他方式，

一定會把他請來台灣，散播慈悲和平吃蔬食理念；萬萬沒想到，他很快地就回覆我的信件，而且還提到他將準備在 11 月來台灣，並希望來為我們心覺醒基金會辦活動，我內心的歡欣感謝之心，真是無比興奮之極，當下就把這好消息告訴我的家人，我的同事，當然還有我最尊敬的基金會創辦人─SatDharma 老師。SatDharma 老師聽到這消息，送給我大大的擁抱，並説這位塔托博士跟我們很合，一定要把活動辦好；有了他的這一番話，我更堅定的一定要讓這一本書及塔托博士的到來，讓更多人看到，也影響更多人成為蔬食者，慈悲心愛護地球萬物，雖然，我們是一間只有 5 個職員小小的基金會也從未辦過這麼特別又大型的活動。

但是塔托博士的回信，告訴我，他與夫人玫德琳對我們組織提倡的「意識提昇」非常贊同，因為，他的使命也是要把「意識覺醒」這一個觀念帶到一般社會並讓人接受認同，「蔬食」其實只是一個方法，一種路徑，一個橋段⋯⋯；塔托博士説，他其實有一本書叫《Your Inner Island》，其實也是在描述如何自我提升，雖然目前尚未出版，但他願意配合我們做任何我們提出可以幫助「意識」這個範疇有關的任

何活動，因為他知道，這是一條全世界人應該也必須踏入的道路。我們在電話裡交流時提到，今年 (2016) 11 月份他會來到亞洲，並且也會到中國、馬來西亞、越南、新加坡做巡迴演講，台灣也有人邀請他，希望我們可以一起舉辦活動，吸引到更多人參加，也能讓更多的家庭『覺醒』。

從 3 月份開始，我開始和同事討論「世界和平飲食」的內容及活動的呈現方式，並和塔托博士在深夜裡討論活動細節，他的早上 10 點剛好是我們的晚上 11 點，有時候他會跟我說他正在開著他的露營車去下一個地點演講，有時候他說在機場準備搭機飛到歐洲演講，就這樣，我們陸陸續續建構出彼此的默契，以及對活動形式的呈現方式，有時甚至幫他解決亞洲行程的接洽等瑣事，譬如進入中國的簽證文件資料，代訂飛往越南的機票事宜等，就像非常好的朋友，雖還沒有碰過面，但是彼此已經建立深厚的友誼。

時間很快來到 7 月，突然一天下午，我收到了一通國外電話，原來是塔托博士打來，他會這樣打來倒是第一次，非常不尋常，經過了短暫的寒暄，我感覺到他的失望，就問他是否有什麼可以幫忙，塔托博士敞開把他可能無法來台的原由講述了一次，當下覺得非常的不捨並在直覺的反應下，我

告訴他，我們會負擔所有的費用，請他寬心，並讓他知道我們會幫他把行程安排充實；我想，塔托博士必定也感到彼此的連結，電話那頭傳來的氣息完全轉變，安心與放心充滿了之後的所有對話，這時，他再次提到，如果以後再有他可以幫助支持心覺醒基金會的時候，他也會無條件地給予。

11 月的開始，第一屆『世界和平飲食』活動，正式進入了緊鑼密鼓的開花期，雖然月中有強烈風雨來襲，讓我們的「蔬果火雞 戶外記者會」，增添不少風險；團隊在 11/22 正式佈置這個記者會會場，並開心地歡迎，等塔托博士他們的來臨……

11 月 23 日，是他們夫妻倆分別從中國及瑞士搭程飛機來到台灣的這一天，原本塔托的夫人玫德琳，並沒有要一同前往的，但是在塔托不斷地稱讚台灣的蔬食風行程度下，也讓玫德琳夫人對台灣產生了興趣，所以這一次，玫德琳夫人也決定單獨從蘇黎世起飛，和塔托一起在台灣會合，並與塔托一起琴笛合奏；我們的同事則是一早凌晨 3 點多從台中出發，與心覺醒基金會北部的志工一同準備先為玫德琳夫人接機。在等候大廳第一次碰到玫德琳夫人時，他們立即感受到玫德琳的溫暖，也由於塔托博士的班機是下午 3 點多才會抵

達台灣，所以我們又用電話在第一時間讓玫德琳夫人和塔托博士先通電話，彼此傳達即將要見面的幸福，雖然他們也才因為塔托博士忙於全球演講而分離一個半月；在機場等候塔托博士的飛機抵達時，玫德琳夫人跟我們聊了很多她和塔托博士的故事，並拿出一小袋一小袋的小食物，其中一個最特別的就是他親手做的無蛋奶麵包，雖然麵包不像一般麵包香濃，但在機場吃到瑞士手工打造的愛心麵包，大家都說很好吃也很感動。閒聊一段時候，終於，塔托博士抵達台灣了，他和夫人在機場一見面就是自然流露的親吻加擁抱，因為這一切動作太快了，所以被我們要求重新親吻一次，為了拍照留念，這一次他們笑得很靦腆，但這一親，他們卻更加陶醉，親吻得還比上一次久。

就這樣，載著塔托夫婦的專車，終於從桃園機場返回到心覺醒基金會台中辦公室，我們和塔托夫婦一到辦公室的前廳，也就是岡達造物的門市，整棟總部的心覺醒、聖達瑪學院、光遠心及岡達造物的員工們唱起歌，一起歡迎祝福簇擁著他們夫妻二人，跟他們問候擁抱，塔托博士也看到了SatDharma 老師，兩人真是在比較誰的擁抱比較大似的，讓

大家拍手拍到酸了，他們兩個還是一直在交談之間又再抱一下，這種初次的見面，好像是時空的交會，情感的瞬間交流，把所有的現場人群，都帶進了互相連結的感動中。

　　就這樣在如此愉悅的氛圍下，我們一起先討論了未來幾天的活動，就從明天 11 月 24 的記者會先講起，一直到 11 月 29 在台灣大學的講座，一直討論到深夜，塔托博士也給了很多的建議，我們達成共識準備迎接明天的到來，並讓塔托夫婦回飯店休息；之後，我和心覺醒同仁們深談，大家對於剛才的歡迎式，及塔托夫妻的溫暖，十分興奮，一起勉勵彼此，將第一屆「世界和平飲食」成功推展。

11 月 23 日兩人於機場會合

11 月 24 日我們舉辦了一場與眾不同的蔬食火雞及光舞表演的「世界和平飲食」記者會，當然，塔托博士的現場鋼琴演奏讓記者會現場吸引了許多路過的人群，當天的新聞報導更是豐富，塔托博士說，這一場記者會就跟這隻蔬食火雞一樣，寂靜之中又帶有詼諧感，他從沒有這種難得的經驗；載送他們夫妻的同仁說，塔托夫婦一早就要求他到市場去挑新鮮的水果及堅果，他們對當季的食物特別偏好，而堅果食物也絕對避免加鹽或其他添加物，當買水果時，最愛的是香蕉，再來是蘋果，最後是橘子，吃香蕉時，玫德琳夫人會用叉子幫塔托扒開一片一片的果皮，把香蕉切成一塊一塊，送到塔托博士嘴巴前，而塔托博士則會拿起橘子剝皮，並把橘子果肉的白色絲狀纖維一條條撕開，遞給玫德琳夫人享用，彼此的互動非常濃厚；問塔托博士為何要把纖維取下，他說，每個人都有對飲食的直覺，你我都必須要用直覺來問自己是否要吃眼前的食物，如果你不喜歡這個纖維，就跟著直覺走，把它撕下，並提到，他希望未來這一年，他可以出版一本關於直覺的書，這樣大家就更不會傷害大自然了，現在想起來，他講的書就是你們現在即將要看的這一本《心靈直覺的祕境》了，一定要仔細用心去看；玫德琳夫人也幫我們同仁準

備一份剝好皮的香蕉可以享用，讓主客的關係頓時變成很好的朋友。

11 月 24 日 記者會

11 月 25 日塔托夫婦各有一場活動，塔托博士是主講直覺力工作坊，而玫德琳夫人則主持在『覓光咖啡』的直覺力烹飪，玫德琳夫人雖然看起來疲憊，但一到煮菜時間，她穿起自己準備好的素食圖騰圍裙，滔滔不絕地指揮現場，把平時煮菜的情境完全倒進這個廚房，其中有一道菜是義大利料理，共用了 9 種食材，不僅味美而且顏色更是豐富，之後又是一道少見的純素香蕉冰淇淋，滿足各位的味蕾；玫德琳夫人做了一個總結，純素料理，有時隨性，且憑味覺來偵測加水加食材的份量，並絕對不要用鹽巴，我們可以憑直覺來調整火候的大小，做出一道道自己都喜歡吃的料理。

11 月 25 日玫德琳的蔬食工作坊

11 月 26 日是一場台中豐樂公園 500 人的講座活動，塔托博士一點也不緊張，反倒是前一晚聯繫，問説明天早上有一個空擋，可以帶他們在台中自然景點走走看看嗎，所以我就在清新溫泉飯店出發預計前往附近望高寮，但在離飯店不遠處一個轉角，塔托博士説，他今天清晨 5 點起床，到飯店外走走，就找到一條路，憑著直覺，一直往前行，後來路越來越小，也蜿蜒曲折，但看到的路旁都是一塊塊的石碑，他猜想是不是墳墓區。於是我們重回此地，就説要帶他去看看，

望高寮及萬里長城步道

果真塔托博士去的地方是一個墳墓區，我們一直走完這一區到盡頭，夫妻倆很悠閒的欣賞，一點也不忌諱；之後，我們去了望高寮及萬里長城，走了一個多小時的山，玫德琳夫人一直很謝謝這一段山路，因為她知道塔托博士在之前的一個行程中國巡講時，完全沒有休息，馬不停蹄地走訪各個城市，有時還搭凌晨班機，幾乎沒有時間做他喜歡的健行運動，玫德琳夫人還說，其實爬山就是一種工作坊，你可以得到和大自然擁抱的時刻，也是培養你直覺力最不被干擾的環境。

11 月 26 日清新溫泉：鋼琴演奏

11 月 27 日是這一場活動的重頭戲，在清新溫泉飯店舉辦了獨特的蔬食晚宴，晚宴前，塔托博士特別接受我們的臨時要求，與玫德琳夫人一起合奏三首曲目，玫德琳夫人的長笛聲，讓塔托博士的鋼琴增添不少悠閒輕鬆節奏；晚宴正式開始，由 SatDharma 老師和塔托博士一起分享他們如何走上蔬食這一個選擇，在兩人像兄弟般的交談之中，我的主持就越來越放鬆，彷彿我也是台下的觀眾一樣，一起欣賞兩位大師用故事交流的方式，真正體會到，吃蔬食不是以健康的角度切入，而是以慈悲同理心出發，並問每個人自己，在夾起餐盤上的食物時，你可以用直覺來傳達這個食物是否真的適合你，這真的是和我們的心靈成長的同步結果，是這麼簡單的就可以直接變成一個完全不吃肉食的過程。

　　塔托博士這趟旅程後，告訴我們，他最難忘的有三件事，第一件就是在台大的演講場裡，彈奏的 Bandford 鋼琴，多了 3 個鍵盤，他說他很少在國際的場合裡看到這樣的鋼琴，當他在彈奏時更感受他與鋼琴整個共振，在台下的每個嘉賓都可以感覺得到他撥弄琴盤的那股身後力道背後的喜悅之心；第二件事，是那一隻蔬食火雞，他讚揚地說，能夠想出

這樣的主意，一定了解我書中提到每年這個感恩節的日子，就有四百五十萬隻火雞變成我們餐盤上的食物，這樣一個象徵的蔬食火雞，一定要好好傳播出去。

11 月 27 日 蔬食晚宴

最後，也就是他與 SatDharma 老師的熟識，讓人感覺就像認識很久的朋友，曾經彼此都走過英雄旅程，塔托博士選擇用書本傳達世界連結的訊息，SatDharma 老師則透過多樣化的性靈課程來傳遞每個靈魂的冒險，所以，塔托博士在最後一天機場送別時，除了和 SatDharma 老師電話相約明年再見，也談到希望未來與心覺醒基金會一起更深的連結，並希望這本『你心靈直覺的祕境』也交由心覺醒基金會負責在台灣的出版，我和心覺醒所有的同仁深深的感動了，就這一路看這本書從 2017 年 3 月剛在亞馬遜出版，塔托博士就把中文版權完全貢獻給台灣的讀者，並在同年 11 月如期出版，這中間的同步配合，除了謝謝塔托博士，還要特別致謝晨星出版社 陳社長 及 雅琦主編的全程守護，讓這樣一本喚醒人們真心的書，以最快的方式帶到更多人面前。

和平飲食活動　回憶　全文完
心覺醒文教基金會
執行長　董家霖

桃園機場：出發前往下一個國家

國家圖書館出版品預行編目資料

心靈直覺的祕境：用直覺找回自己的力量 / 威爾.塔
托(Will Tuttle)著；郭珍琪譯. -- 初版. -- 臺中市：晨
星, 2017.12
　　面；　　公分. -- (勁草叢書；439)
　　譯自：Your inner islands : the keys to intuitive living

　ISBN 978-986-443-377-3(平裝)

　1.靈修 2.直覺

　192.1　　　　　　　　　　　　　　　　　　106020566

勁草叢書 439

心靈直覺的祕境
用直覺找回自己的力量

作者	威爾‧塔托 博士（Dr. Will Tuttle Ph.D.）
譯者	郭珍琪
主編	莊雅琦
助理編輯	劉容瑄
網路編輯	吳孟青
文字校對	心覺醒文教基金會、鄭舜鴻
封面設計	賴維明
美術編輯	曾麗香

創辦人	陳銘民
發行所	晨星出版有限公司
	台中市407工業區30路1號
	TEL：（04）23595820 FAX：（04）23597123
	行政院新聞局局版台業字第2500號
法律顧問	陳思成律師
初版	2017年12月23日初版1刷
讀者服務專線	04-23595819#230

總經銷	知己圖書股份有限公司
	台北 台北市106辛亥路一段30號9樓
	TEL：（02）23672044／23672047　FAX：（02）23635741
	台中 台中市407工業30路1號
	TEL：（04）23595819 FAX：（04）23595493
	E-mail：service@morningstar.com.tw
	網路書店 http://www.morningstar.com.tw

定價300元

ISBN 978-986-443-377-3

Your Inner Islands: The Keys to Intuitive Living
Copyright © by Will Tuttle, 2017 (updated edition), 2005
2017 [2005] © Will & Madeleine Tuttle
Karuna Music & Art 1083 Vine Street Healdsburg, CA 95448
This edition is published by arrangement with Will Tuttle through
Clean Life Foundation.
Published by Morning Star Publishing Inc.
版權所有‧翻印必究
（缺頁或破損請寄回更換）

◆讀者回函卡◆

以下資料或許太過繁瑣，但卻是我們了解您的唯一途徑

誠摯期待能與您在下一本書中相逢，讓我們一起從閱讀中尋找樂趣吧！

姓名：＿＿＿＿＿＿＿＿＿　性別：□ 男　□ 女　生日：　　／　　／

教育程度：□ 小學 □ 國中 □ 高中職 □ 專科 □ 大學 □ 碩士 □ 博士

職業：□ 學生 □ 軍公教 □ 上班族 □ 家管 □ 從商 □ 其他 ＿＿＿＿＿＿＿＿

E-mail：＿＿＿＿＿＿＿＿＿＿＿＿　聯絡電話：＿＿＿＿＿＿＿＿＿

聯絡地址：

□□□ ＿＿＿＿＿＿＿＿＿＿＿＿＿＿＿＿＿＿＿＿＿＿＿

購買書名：心靈直覺的祕境：用直覺找回自己的力量 ＿＿＿＿＿＿＿＿＿＿

・請問您是從何處得知此書？

□ 書店 □ 報章雜誌 □ 電台 □ 晨星網路書店 □ 晨星健康養生網 □ 其他 ＿＿＿＿

・促使您購買此書的原因？

□ 封面設計 □ 欣賞主題 □ 價格合理 □ 親友推薦 □ 內容有趣　□ 其他 ＿＿＿＿＿

・看完此書後，您的感想是？

＿＿＿＿＿＿＿＿＿＿＿＿＿＿＿＿＿＿＿＿＿＿＿＿＿＿＿＿＿＿＿＿

・您有興趣了解的問題？（可複選）

● 養生主題：□ 中醫調理 □ 養生飲食 □ 養生運動 □ 自然醫學療法

● 疾病主題：□ 高血壓 □ 高血脂 □ 腸與胃病 □ 糖尿病 □內分泌 □ 婦科

　　　　　　□ 其他 ＿＿＿＿＿＿＿＿＿＿＿＿＿＿＿＿＿＿＿＿

● 其他主題：□ 心靈勵志 □ 自然生態 □ 親子教養 □ 生活學習 □ 文學□ 園藝

　　　　　　□ 寵物 □ 美食 □ 時尚品味 □ 其他 ＿＿＿＿＿＿＿＿＿＿＿

□ 同意加入晨星健康書會員

□ 其他建議

晨星出版有限公司 編輯群，感謝您！

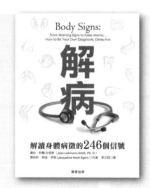